# TUDO O QUE EU AMO em VOCÊ

# TUDO O QUE EU AMO em VOCÊ

Um livro interativo sobre o amor e aquela pessoa que faz seu coração disparar

Outro Planeta

Copyright © Editora Planeta do Brasil, 2018
Todos os direitos reservados.

*Organização de conteúdo:* Leandro Quintanilha
*Preparação:* Fernanda Mello
*Revisão:* Vivian Souza e Mariane Genaro
*Projeto gráfico, diagramação e ilustrações de miolo:* Joana Resek
*Capa:* Filipa Pinto e Eduardo Foresti
*Ilustração de capa:* Filipa Pinto

Dados Internacionais de Catalogação na Publicação (CIP)
Angélica Ilacqua CRB-8/7057

Tudo o que eu amo em você: um livro sobre o amor e aquela pessoa que faz seu coração disparar / [Planeta do Brasil]. — São Paulo: Planeta do Brasil, 2018.
192 p

ISBN: 978-85-422-1298-3

1. Autoajuda 2. Relacionamentos I. Título

18-0345 CDD 152.41

2018
Todos os direitos desta edição reservados à
EDITORA PLANETA DO BRASIL LTDA.
Rua Padre João Manuel, 100 – 21º andar
Ed. Horsa II – Cerqueira César
01411-000 – São Paulo-SP
www.planetadelivros.com.br
atendimento@editoraplaneta.com.br

# ESTA OBRA FOI COESCRITA POR

_____

*(o seu nome)*

# COM AMOR
# PARA _____ ♥

*(o nome do seu amor)*

# SUMÁRIO AMOROSO

✶ INTRODUÇÃO  9
COMO AMAR ESTE LIVRO?

✶ DEFINIÇÃO  15
O QUE É O AMOR?

✶ INSPIRAÇÃO  61
O QUE DIZEM SOBRE O AMOR?

✶ DECLARAÇÃO  89
QUEM É O SEU AMOR?

✶ MANUTENÇÃO  123
COMO CUIDAR DO SEU AMOR?

✶ CURTIÇÃO  135
FILMES E CANÇÕES PARA CURTIR JUNTINHO

✶ LISTA DE MÚSICAS  190

# INTRODUÇÃO

# COMO AMAR ESTE LIVRO?

*Todas as cartas de amor são ridículas.*

Como escreveu Álvaro de Campos, o heterônimo mais sentimental de Fernando Pessoa, "todas as cartas de amor são ridículas". Este livro, portanto, se pretende ridículo porque não deixa de ser uma missiva apaixonada, ainda que com cuidado editorial e embasamento científico. Mas é, sobretudo, uma homenagem ao amor e uma celebração do encontro afetivo entre pessoas. E, se você pensar bem, não há nada de ridículo nisso.

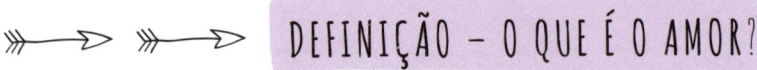

## DEFINIÇÃO – O QUE É O AMOR?

Na primeira parte, os apaixonados vão entender mais sobre esse querer bem. Qual é a história do amor? Quais são as fases de uma relação duradoura? O que dizem sobre o assunto a filosofia e a ciência? Como esse sentimento se expressa e se transforma em diferentes culturas? Como desconstruir o ideal inatingível do amor romântico para viver uma relação verdadeira com alguém? Como amar de uma forma mais generosa, compassiva e enriquecedora? E como continuar se amando e se respeitando ao mesmo tempo?

**INSPIRAÇÃO – O QUE DIZEM SOBRE O AMOR?**

Em seguida, os pombinhos podem se enternecer com pensamentos (e versinhos) sobre esse sentimento tão nobre concebido por personalidades tão amadas quanto Clarice Lispector, Carlos Drummond de Andrade, Cazuza, Florbela Espanca, Luís de Camões, Mahatma Gandhi, Mário Quintana, Milan Kundera, Oscar Wilde, Rainer Rilke, entre outros.

 **DECLARAÇÃO – QUEM É O SEU AMOR?**

Na terceira parte, há um caderno de exercícios para customização deste livro. Ali, o(a) coautor(a) desta obra homenageia o seu amor e fala de suas características mais encantadoras, das memórias mais ternas, das canções que embalam o romance, dos planos para o futuro, das delicadezas do dia a dia em comum.

## MANUTENÇÃO – COMO CUIDAR DO SEU AMOR?

Na sequência, vem um compilado de conceitos e bons conselhos para garantir a qualidade e a longevidade do relacionamento. Porque amor, conforme entendemos aqui, é uma atividade, uma atitude, uma ação – não apenas uma manifestação espontânea de sentimento e prazer. Amor, nessa perspectiva, requer atenção, envolvimento, iniciativa.

## CURTIÇÃO – FILMES E CANÇÕES PARA CURTIR JUNTINHOS

Por fim, o capítulo final. Ali, há um apanhado de filmes e músicas que fazem apologia ao amor, ao mesmo tempo que entretêm os enamorados, proporcionando mais momentos a dois, mais memórias afetivas, mais cumplicidade.

Esta obra é assumidamente ridícula, como se vê, mas não se pretende clichê. Os apaixonados não encontrarão aqui preconceitos de gênero, orientação sexual ou de formato de relacionamento. Nem idealizações inatingíveis que servem apenas para suscitar decepções e inseguranças naqueles que amam e que só desejam ser amados de volta. Ao contrário: esta carta de amor é uma ode ao afeto da vida real, do cotidiano, dos pezinhos que se acariciam por debaixo das cobertas. Ao amor que é único, autoral, feito sob medida, específico de cada relação.

Não importa. Este livro é ridículo como toda carta de amor. No entanto, como também escreveu o poeta Álvaro de Campos, "as criaturas que nunca escreveram cartas de amor é que são realmente ridículas". Então, não se constranja em amar verdadeiramente e ser correspondido. O amor no contexto de um romance saudável é também uma expressão de amor-próprio.

# DEFINIÇÃO

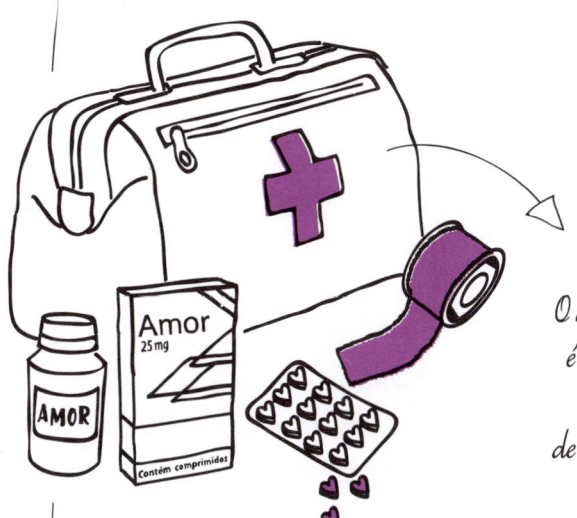

O amor saudável é também uma expressão de amor-próprio!

# O QUE É O AMOR?

Em 1993, o músico hispânico-alemão Nestor Alexander Haddaway fez sucesso no mundo inteiro com a canção "What Is Love". Porém a pergunta do título, "o que é o amor?", não era respondida pelo refrão, que apenas implorava que a pessoa amada não o machucasse mais: "Baby, don't hurt me / Don't hurt me / No more". O significado do amor, no entanto, vai muito além do sofrimento de quem foi deixado ou nem chegou a ser correspondido, tão explorado pela música pop. Também não é a paixão, um desejo intenso calcado em carências e projeções que muitas vezes dá início a relações, mas que precede o conhecimento verdadeiro da pessoa que se acredita amar.

O amor propriamente dito pode ser definido como uma apreciação autêntica de alguém que se conhece com alguma profundidade. Amar é querer perto, mas, sobretudo, querer bem.

No livro *Novas formas de amar* (Planeta), a psicanalista Regina Navarro Lins explica que o amor é também uma construção social e que, portanto, passa por transformações de acordo com o lugar e a época. O romance, como se conhece hoje, é um fenômeno historicamente muito posterior ao surgimento da espécie humana Terra. O ser humano sempre teve a capacidade de estabelecer conexões afetivas, de sentir amor. Mas o que se conhece hoje como amor, no contexto de um romance, é algo aprendido e varia de forma, status e significado de acordo com a cultura.

Acredita-se que o amor cortês, surgido na Europa do século XII com a literatura medieval, tenha sido a primeira manifestação do amor recíproco como um modo de se relacionar socialmente reconhecido.

A idealização do outro, a expectativa de completude numa relação a dois, o contrato tácito da monogamia, tudo isso seria resultado de um processo histórico que teria começado com a lenda do amor trágico entre o cavaleiro Tristão e a princesa Isolda (pois é, Shakespeare não criou Romeu e Julieta do zero). Mas o amor cortês era quase uma abstração em que havia mais desejo e culto ao desejo do que a realização amorosa em si. Era algo semelhante ao que se conhece hoje como amor platônico, e talvez fosse mais um fenômeno ficcional do que uma prática cotidiana em voga naquela época, já que as uniões eram motivadas por arranjos econômicos e sociais.

O amor cortês deu origem ao amor romântico, difundido em larga escala entre as diferentes classes sociais, mas que, por séculos, também nada tinha a ver com casamento. Durante o Renascimento, no século XVI, a figura feminina era contemplada com uma reverência quase religiosa – na verdade, como escreve Navarro Lins, também havia o outro extremo: as mulheres eram divididas entre santas e pecadoras, simples assim.

O amor sexual não era próprio do casamento, mas focado em questões financeiras, sociais, religiosas e de procriação. O tesão era reservado à clandestinidade e era extravasado em relações extraconjugais e casas de prostituição.

No século XVIII, a Revolução Francesa deu início a um processo revolucionário mais íntimo, menos retratado nos livros de história: o casamento começava a deixar de ser um ritual sagrado, com o lento e progressivo enfraquecimento da Igreja Católica, e mesmo de dogmas de outras vertentes.

Escrituras judaicas e gregas frisam que a função primordial do matrimônio é a procriação – o amor, bem, era tido como desnecessário. Preocupado com o crescimento desenfreado da população, o pastor anglicano e economista Thomas Malthus foi um dos primeiros a ressaltar a importância do afeto no casamento. Para ele, os casais deviam priorizar a amizade, o companheirismo e o cuidado mútuo em vez da procriação, para o bem da sociedade.

Como se vê, era uma abordagem demográfica – ainda faltava um pouco para se enxergar o casamento como... romance.

Apenas no século XX, com a popularização de duas inovadoras tecnologias de transporte e comunicação – o carro e o telefone –, surgiria, enfim, o conceito do encontro marcado. A partir de 1940, com o apoio de uma tecnologia do entretenimento – o cinema –, o amor romântico entra no casamento pela porta da frente. Bem, ao menos no Ocidente.

Mas ainda faltava uma tecnologia inovadora de destruição. Explica-se: depois da Segunda Guerra (1939-45), com os ataques às cidades japonesas de Hiroshima e Nagasaki, a bomba atômica passou a assombrar jovens de todo o mundo. "Com o sentimento de insatisfação que isso provoca, eles começaram a questionar os valores daquela sociedade e de seus pais", prossegue Regina Navarro Lins. "O advento da pílula anticoncepcional, aliado ao cenário crítico, prepara o terreno para a Revolução Sexual."

O amor e o jeito de amar entraram em profunda transformação em diferentes países e culturas. E as mudanças seguem curso, com tecnologias inovadoras de comunicação, informação e geolocalização. Sim, estamos falando dos smartphones. Novas formas de amar se configuram em tempos de internet, redes sociais e aplicativos com associações por algoritmo e recursos interativos.

# PRESENTE DO PASSADO

Apesar dos avanços, velhas formas de amar ainda persistem e são a causa de muito sofrimento entre aqueles que amam. No livro, *Amor – Uma história* (Zahar), o filósofo inglês Simon May relaciona uma série de crenças historicamente construídas que podem ser prejudiciais aos casais. Eis alguns exemplos de mitos nocivos elencados pelo autor:

✳ **O amor incondicional**, como se fosse possível um ser humano nutrir por outro um sentimento destituído de limites ou sem necessidade de contrapartidas.

✳ **O amor mágico**, capaz de transportar os indivíduos de um mundo cotidiano imperfeito e confuso para um estado superior de pureza e perfeição.

✳ **O amor eterno**, como se, quando uma relação termina, nunca tivesse havido amor de fato, uma injustiça contra quem ama verdadeiramente por um período determinado. Esse amor idealizado seria imune, portanto, a todas as transformações internas e ao contexto social por que passa um casal ao longo de meses ou anos.

"Ao atribuir ao amor humano características devidamente reservadas ao amor divino, como incondicionalidade e eternidade, falsificamos a natureza dessa emoção extremamente condicional, temporária e natural e a submetemos a expectativas intoleráveis", pondera May.

A ideia tão propagada de fusão dos amantes ("dois se tornam um") também pode ser danosa porque gera expectativas de uma satisfação generalizada que jamais se sustentaria e serve como justificativa para o sentimento de posse. Ciúme também não é amor, ou um sintoma dele, como muitos gostam de acreditar, mas uma confusão em relação às expectativas adotadas diante de uma relação amorosa.

Como alternativa à ideia de amor que ainda sobrevive de mitos contraproducentes, Simon May propõe o seguinte: amor seria o enlevo que sentimos por pessoas que inspiram a esperança de uma fundação para a nossa vida. É como se, soltos no mundo, precisássemos estabelecer conexões que nos tornassem pertencentes. "Se todos nós temos necessidade de amor, é porque todos precisamos nos sentir em casa no mundo – enraizar nossa vida no aqui e agora, dar à nossa existência solidez e validade, aprofundar a sensação de ser..."

AMAR ALGUÉM É UM JEITO
DE ENCONTRAR UM LAR EMOCIONAL. ♥

Para o filósofo suíço Alain de Botton, criador de The School of Life, escola internacional dedicada à educação emocional, e de *The Book of Life*, compêndio on-line sobre o mesmo tema, a importância do amor só pode ser realmente compreendida em contraponto aos desafios da solidão. É o amor que garante um senso de relevância a cada um: quem é amado sente que importa.

A solidão pode ser saudável e proporcionar grandes *insights* sobre si e sobre a vida, mas, ao ser submetida à exclusividade da própria companhia por períodos prolongados, uma pessoa pode terminar vitimada pelos próprios monólogos internos. Cada um conhece muito de perto suas limitações, sua crueldade, sua mesquinhez, e pode se precipitar em conclusões negativas – por vezes injustas – sobre si mesmo.

Por isso, é tão necessária a compreensão de outra pessoa para aceitar em si mazelas que, na verdade, todos vivem secretamente. Quando amada, uma pessoa se sente aceita mais ou menos como é, com todas as vulnerabilidades e obsessões.

Você pode acordar com o cabelo amassado, ter estrias, cantar mal, tropeçar no português, cometer lapsos de história e geografia, fazer birra por causa de uma série e chorar por besteira de

tempos em tempos. Pode compartilhar quase todas as fraquezas porque, na média, fica tudo bem. O amor é uma redenção.

Num relacionamento saudável, conforme explica Botton, uma pessoa tem a existência reconhecida, validada. Não será mais a única guardiã da própria história.

Na verdade, pode mais, pode melhorá-la. Por isso, Botton também destaca um desejo de aprimoramento que relações amorosas saudáveis despertam. Você busca no outro auxílio para se tornar uma pessoa melhor, uma versão premium de si mesmo.

Em relacionamentos saudáveis, essa "prestação de serviço" é recíproca e os cônjuges se alternam nos papéis de professor e pupilo. Nesse processo, um conhece melhor a trajetória do outro, os desafios que enfrenta e que, muitas vezes, as pessoas do "mundo lá de fora" não enxergam. Assim, os cônjuges passam a desfrutar de uma visão mais complexa e generosa sobre os sucessos e fracassos um do outro. Compreendem-se mais do que se julgam.

# AMADA MITOLOGIA

Muito da simbologia hoje associada ao amor e ao prazer sexual vem de uma base mitológica. Afrodite, por exemplo, é a deusa do amor, da beleza e do sexo na mitologia grega. É a equivalente grega à deusa Vênus, da mitologia romana. Na versão de seu nascimento contada pelo poeta Hesíodo, ela nasceu depois que Cronos, o deus do tempo, cortou os órgãos sexuais de Urano, a personificação do céu, e os atirou no mar. Da espuma que borbulhou sobre a água, surgiu Afrodite, a deusa que seria responsável pela beleza, pelo prazer e pela perpetuação da espécie humana na Terra.

Um dos principais mitos envolvendo a deusa é relacionado à Guerra de Troia, em que Afrodite teria protegido a cidade lendária e os amantes Helena e Páris.

A deusa da sexualidade também viveu um caso tórrido com Ares (Marte para os romanos) – deus da guerra, filho do rei e da rainha dos deuses, Zeus e Hera. A união teria gerado cinco filhos muito diferentes entre si: Anteros, o deus do amor correspondido; Deimos, o deus do terror; Eros, o deus do amor; Harmonia, deusa, adivinhe só, da harmonia; e Fobos, o deus do medo.

Deuses gregos não são exatamente adeptos do "felizes para sempre". Conforme a mitologia, outro relacionamento importante de Afrodite foi com Adônis, um jovem belíssimo, fruto da relação incestuosa entre o rei Cíniras de Chipre e sua filha Mirra.

Uma fofoca mitológica: Afrodite envolveu-se com o mortal Adônis quando ainda estava com Ares. Para se vingar, o deus traído enviou um javali para matar o adversário, que o fez com um único golpe. O sangue que jorrou dele se transformou num tipo delicado de flor, a anêmona. Ao saber do ocorrido, Afrodite correu pela floresta supondo que ainda poderia salvar o amante e se feriu no percurso. O sangue que escorreu de seus machucados tingiu as rosas brancas de vermelho.

Morto, Adônis desceu ao submundo, governado por Hades, o deus dos mortos, e Perséfone, a deusa multifacetada das ervas, das flores, dos frutos e dos perfumes. A beleza dele logo encantou Perséfone, com quem teve um caso, o que, mesmo tendo ocorrido depois da morte dele, enfureceu Afrodite.

A deusa das ervas propôs um acordo: Adônis passaria um semestre por ano com cada uma, ora na Terra, ora no mundo inferior. Mas o arranjo não deu certo e as duas se tornaram arqui-inimigas. Foi necessário que Zeus interviesse. Acabou que Adônis ganhou um tempo para si mesmo – ficou determinado que só passaria quatro meses por ano com cada uma. O último quadrimestre era só para ele.

Com isso, Adônis se tornou um símbolo da vegetação que morre no inverno (ou vai namorar no mundo inferior com Perséfone) para regressar só na primavera (para se engraçar com Afrodite).

Um filho de Afrodite nos diz respeito em particular: Eros era o deus do amor. Costuma ser retratado ao lado da mãe nas artes plásticas como um garotinho angelical. Loiro, alado, de aparência inocente, mas muito travesso.

Na mitologia romana, Eros é o Cupido, tão mais conhecido e apropriado pela cultura pop, sempre com arco e flecha, pronto para perfurar corações de deuses e mortais, despertando nas vítimas amor e paixão. Mas ele cresceu e também se apaixonou.

Tudo começou quando sua mãe, Vênus (Afrodite), ficou enciumada com a beleza da jovem Psiquê, uma mortal tida como a personificação da alma. A invejosa pediu ao filho que flechasse a mocinha para que ela se apaixonasse pelo homem mais feio da Terra. Cupido foi até a casa de Psiquê para surpreendê-la enquanto dormia, no meio da noite. Entrou pela janela, aproximou-se e ficou desconcertado com a beleza da moça. Atrapalhou-se com o arco e acabou flechando a si mesmo. Foi assim que se apaixonou por Psiquê.

Mas ele vivia nos céus e ela, na Terra. Pediu então a Zéfiro, o vento do oeste, que trouxesse a jovem para viver com ele no mundo superior. O pedido foi atendido, com a ressalva de que Psiquê nunca visse Cupido ou o encanto se desfaria. Ele só ficava na presença dela em sua forma invisível ou no escuro.

Viveram felizes, como marido e mulher. Um dia, porém, Psiquê não resistiu à curiosidade e acendeu uma lamparina enquanto o amado dormia. O encanto se desfez num instante e ela foi parar sozinha num deserto árido e pedregoso.

No entanto, os deuses, sabe como é, têm bons contatos. Cupido recorreu a Júpiter (a versão romana de Zeus) para pedir que tornasse sua amada imortal, desejo que foi acatado. Diante da felicidade exuberante do filho, até Vênus cedeu e abençoou a união. Cupido e Psiquê, imortais que eram, foram (são?), eles sim, felizes para sempre.

E Anteros, maninho de Eros (Cupido), e o tal deus do amor correspondido? Bem, há muito menos informações sobre ele. Filho de Ares e Afrodite, era um pouquinho diferente do irmão mais famoso: tinha cabelos longos e suas asas, embora também emplumadas, tinham o formato de asas de borboleta.

O problema é que a história do deus do amor correspondido acabou não sendo tão desenvolvida na mitologia e, portanto, ele não foi muito lembrado na contemporaneidade. Quando aparece, o que raramente acontece, acaba confundido com o irmão Eros, que flechava sem necessariamente se preocupar com reciprocidade.

Há um altar erguido para Anteros em Atenas, mas em homenagem a outro mito, referente ao amor homossexual entre o estrangeiro Timagoras e o ateniense Meles, correspondido tardiamente.

Quando Timagoras declarou seu amor a Meles, teve apenas constrangimento como contrapartida. Depois de tirar sarro do pretendente, o ateniense ainda sugeriu que o estrangeiro se atirasse do topo de um rochedo. Desolado, Timagoras o fez.

Diante do corpo do Timagoras, Meles se arrependeu e assumiu para si mesmo que, sim, também amava o pretendente. Decidiu então se atirar do topo do mesmo rochedo.

## ALMAS GÊMEAS

Quem diria que a ideia tão romântica de almas gêmeas viria da filosofia? Em *O banquete* (380 a.c.), diálogo filosófico de Platão, o dramaturgo Aristófanes sugere que a origem do amor está relacionada a um anseio humano por completude, pela busca da "outra metade".

Nesse mito filosófico, imagina-se que no começo dos tempos todas as criaturas eram hermafroditas, com quatro pernas, quatro braços, um sexo na frente e outro no verso, e dois rostos numa mesma cabeça, que olham para direções opostas.

Esses hermafroditas eram tão poderosos e arrogantes que Zeus decidiu parti-los em dois, uma metade feminina e outra masculina. A partir de então, cada criatura viveria nostalgicamente a busca pela outra metade.

É um mito problemático que pode ser facilmente desconstruído. Primeiro porque considera apenas a união entre um homem e uma mulher, deixando de fora os relacionamentos LGBT. E, segundo, porque sugere a ideia de fusão e codependência, como se cada um não tivesse direito à – e responsabilidade pela – própria individualidade.

Ou seja, a ideia de almas gêmeas funciona como uma fórmula ideal para relacionamentos abusivos, se você pensar bem.

Há, ainda, um terceiro problema: a ideia de que há uma pessoa certa. Bem, esse item vale por dois: a ideia de uma pessoa "certa" faz parecer que o relacionamento ocorrerá magicamente, por destino, sem empenho dos cônjuges, sem necessidade de compreender e conceder; ao mesmo tempo, o conceito dá a entender que há uma única pessoa ideal para cada ser. Por essa perspectiva, você amaria apenas uma única pessoa ao longo da vida. Caso se separasse ou ficasse viúvo, que pena! Não haveria outra chance.

Mas há um simbolismo interessante na ideia problemática de almas gêmeas: a complementaridade, que pode se expressar de diversas maneiras na vida prática. Pode ser, por exemplo, que você não curta cozinhar e a pessoa amada faça uma lasanha extraordinária. Pode ser que um seja um fracasso em matemática e o outro adore fazer a declaração do imposto de renda. Você pode encontrar "outra metade" que adore lavar a louça ou ser a "metade" que falta em alguém que não sabe trocar a resistência do chuveiro.

É claro que essa complementação também pode ser emocional ou comportamental. Uma pessoa ansiosa pode ser mais feliz ao lado de seu apaziguador ideal. Um tipo mais sedentário, "paradão", pode se inspirar com uma parceria mais extrovertida e aventureira.

E assim vai – ou melhor, vão.

## OS POMBINHOS MAIS CÉLEBRES

### TRISTÃO E ISOLDA

Duas coisas que você precisa saber de antemão sobre essa lenda medieval que transformou o imaginário do mundo ocidental e influenciou a criação artística por séculos: essa é uma história de amor idealizada e trágica. E olha que é sobre um amor correspondido!

Os pombinhos são Isolda, uma princesa irlandesa, e Tristão, um cavaleiro da Cornualha. Trata-se de uma narrativa oral (ao menos originalmente), contada e recontada num telefone sem fio de muitas gerações. Tem, portanto, muitas versões. Mas o enredo é mais ou menos o seguinte:

> O cavaleiro Tristão, conhecido por sua competência e lealdade, é enviado à Irlanda pelo tio Marcos, ninguém menos que o rei da Cornualha, para buscar a bela princesa Isolda, prometida ao monarca. No entanto, quando se conhecem, Isolda e Tristão se apaixonam de forma irremediável.

Veja bem: era a Idade Média e as pessoas viviam sob um terrível senso de dever. Tristão cumpre seu trabalho e Isolda, seu destino. Ela se casa com o rei Marcos, conforme estabelecido. Mas a paixão vence as convenções, ainda que temporariamente, e Isolda e Tristão passam a viver uma relação extraconjugal que viola leis sociais e religiosas, além de escandalizar a corte.

Apesar de pertencer à família real, Tristão é banido da Cornualha e acaba se casando com a princesa da Bretanha, a homônima Isolda das Mãos Brancas, mas nunca deixa de amar a "tia" Isolda.

Depois de ser ferido numa batalha, pede que tragam seu amor de volta, por considerar esse o único jeito de curar suas feridas. Indignada com a situação, Isolda das Mãos Brancas engana o marido, dando a entender que a xará teria se recusado a ir salvá-lo.

Tristão sucumbe quando sua amada ainda está a caminho. Ao se deparar com o corpo do amante, Isolda morre de tristeza.

A lenda de Tristão e Isolda teria surgido entre povos celtas do noroeste europeu antes de ganhar uma forma mais parecida com a que conhecemos hoje, graças às obras literárias de autores normandos do século XII. Influenciou, portanto, todo tipo de obra narrativa para além da literatura, sendo recontada e reformulada também na música, no teatro e no cinema.

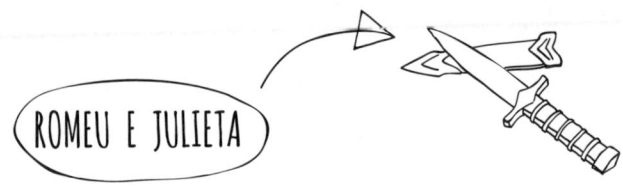

## ROMEU E JULIETA

Com Isolda e Tristão, estava dada a fórmula: jovens se apaixonam; o amor entre eles é proibido; são separados pelas circunstâncias, mas nunca deixam de se amar; há um pequeno desencontro no final; a história termina tragicamente.

Essa é a mesma escaleta da peça mais famosa do dramaturgo inglês William Shakespeare (ok, ao lado de *Hamlet*), *Romeu e Julieta*. Mas a obra é uma releitura de outra releitura, tecnicamente. Foi baseada no poema "A trágica história de Romeu e Julieta", publicado em 1562 pelo poeta inglês Arthur Brooke e/ou no conto "Palácio do Prazer", do escritor William Painter, publicado em 1582.

Na trama, há uma antiga rixa entre duas famílias italianas, Montecchio e Capuleto. Romeu, um Montecchio, entra como penetra na festa da família rival com o objetivo de conhecer uma sobrinha dos Capuleto, de quem um amigo havia falado. Mas acaba conhecendo Julieta, por quem, adivinhe, se apaixona perdidamente. Bem, depois disso há desavenças familiares, declarações de amor (a célebre cena da sacada de Romeu e Julieta), um duelo e alguns desencontros.

Forçada ao noivado com outro homem, Julieta pede ajuda a Frei Lourenço, que a auxilia com um plano engenhoso: ela se fingiria de morta para escapar do casamento arranjado. Para isso, precisa apenas beber um veneno de efeito entorpecedor, capaz de deixar uma pessoa em coma por 42 horas. Por favor, não tente isso em casa.

Como não havia WhatsApp, Julieta envia um mensageiro para explicar o plano a Romeu antes de tomar o veneno, bem na véspera do casamento, mas o pombinho acaba não sendo avisado. Desolado com a notícia da morte da amada, Romeu compra uma poção – esta, sim, realmente mortal. Quando Julieta acorda e encontra o corpo do rapaz, decide se matar para valer. Como não há mais nenhuma gota do veneno dele, ela se suicida com o punhal de seu grande amor. Frei Lourenço reconta a história do trágico amor juvenil e as famílias se reconciliam, enfim. Mas, nos versos finais da peça, fica a sentença: "Jamais houve história mais dolorosa / Do que a de Julieta e a de seu Romeu".

Essa trágica história de amor é recontada desde então. Duas versões ficaram particularmente famosas no cinema. A de 1968 manteve o título original e foi assinada pelo diretor italiano Franco Zeffirelli. Venceu o Globo de Ouro nas categorias de melhor filme estrangeiro em língua inglesa, atriz-revelação (Olivia Hussey) e ator-revelação (Leonard Whiting) e duas estatuetas do Oscar nas categorias de figurino e fotografia.

Em 1996, a história foi retomada com uma pegada mais pop pelo diretor australiano Baz Luhrmann. *Romeu + Julieta* é ambientado na atualidade – as famílias Montecchio e Capuleto comandam impérios empresariais na fictícia Verona Beach e há revólveres em vez de espadas. A despeito disso, o roteiro de Craig Pearce mantém os diálogos em versos da peça de Shakespeare. O papel de Julieta coube a Claire Danes e o de Romeu, a Leonardo DiCaprio. A trilha sonora incluía canções que o dramaturgo inglês jamais poderia prever: "#1 Crush", do Garbage, "Lovefool", do The Cardigans, e "Talk Show Host", do Radiohead.

O filme levou vários prêmios Bafta, no Reino Unido, mas foi indicado apenas ao Oscar de direção de arte, perdido para *O paciente inglês*, mais uma trágica história de amor.

## ROSE E JACK

Em *Titanic*, de 1997, o naufrágio é baseado em uma história real, mas o romance é ficcional. Conta a história do amor impossível (rá!) entre jovens de diferentes classes sociais durante a infeliz viagem inaugural do navio ocorrida em 1912.

Leonardo DiCaprio (ou seja, Romeu) vive Jack, um passageiro da terceira classe que só embarcou depois de ganhar os bilhetes da viagem numa partida de pôquer. No navio, ele se apaixona por uma aristocrata de família falida que está sendo obrigada pela mãe a se casar com o magnata Cal, personagem de Billy Zane.

Rose, vivida por Kate Winslet, está prestes a se matar quando conhece Jack. É salva por esse amor, literal e metaforicamente.

Apesar da forte oposição de Cal e Ruth, mãe da moça, vivida por Frances Fisher, o que realmente acaba separando Rose e Jack é a grande catástrofe náutica transposta da realidade. Na vida real, o RMS Titanic foi apresentado ao público como uma embarcação de ponta, luxuosa e... inafundável. No dia 14 de abril de 1912, às 23h40, com apenas quatro dias de viagem, o transatlântico colidiu com um iceberg e afundou.

Havia 1,5 mil pessoas a bordo e equipamentos de sobrevivência em quantidade insuficiente. Apenas 710 pessoas conseguiram se salvar. Na versão ficcional (alerta de spoiler!), Jack não foi uma delas.

Contudo, a fórmula do amor impossível com desfecho trágico provou-se mais uma vez. *Titanic* havia sido o filme mais caro produzido até então, com um orçamento de 200 milhões de dólares, mas foi a primeira produção a arrecadar 1 bilhão de dólares

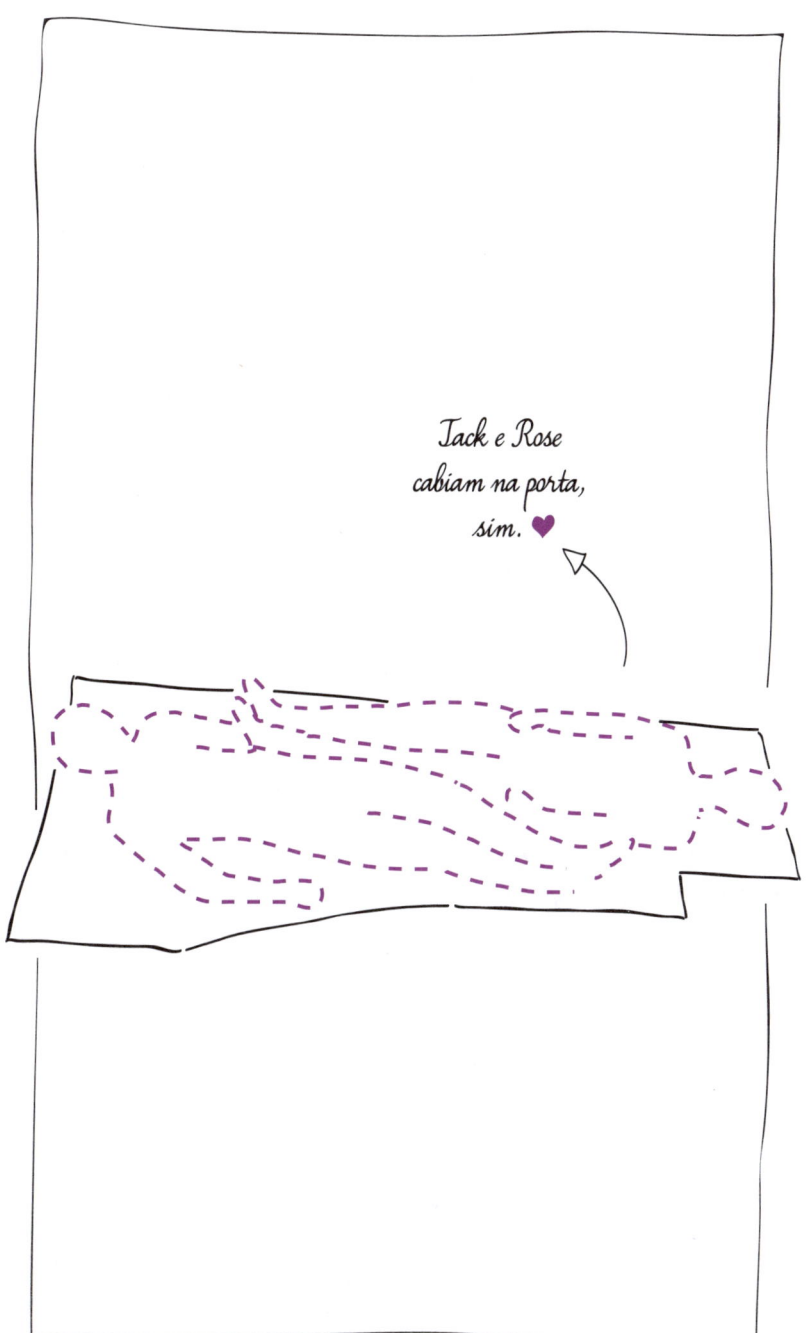

pelo mundo e quebrou o próprio recorde, atingindo posteriormente uma bilheteria total de 2,1 bilhões de dólares, incluindo os 300 milhões obtidos como relançamento do filme em versão comemorativa 3D em 2012.

A produção em sua versão original, em duas dimensões, foi indicada a 14 categorias no Oscar e levou 11 estatuetas, incluindo as de melhor filme e melhor diretor.

A superprodução também eternizou sua música tema, "My Heart Will Go On", cuja letra fala da perda de um grande amor. Com melodia de James Horner e letra de Will Jennings, a canção foi interpretada pela canadense Céline Dion. No filme, contudo, predomina a versão instrumental – a voz de Céline só aparece durante a exibição dos créditos finais.

Na verdade, só a versão sem voz estava prevista e James Cameron nem queria uma com letra. Foi Horner que insistiu para que houvesse ao menos uma tentativa e convidou Jennings para compor os versos. Inicialmente Céline não se interessou pela canção. Foi o marido dela, René Angélil, então seu empresário, que a convenceu de gravar uma versão demo, algo que a cantora já consagrada não fazia havia tempo.

Horner foi bastante cuidadoso ao apresentar a versão com letra a James Cameron. Esperou para fazê-lo no momento propício, um dia em que o diretor estava de bom humor. Deu certo. Além de ser incluída na trilha de *Titanic*, a canção integrou o disco "Let's Talk About Love", de Dion, e mais três álbuns posteriores da cantora.

O sucesso garantiu a Céline discos de ouro, platina e diamante em diversos países pelo mundo e venceu o Oscar de canção original em 1998. Ainda assim, foi eleita pelo site *The Sun* a

11ª música mais irritante de todos os tempos. Na lista da revista *Rolling Stone*, de 2007, ficou em quarto lugar.

De todo modo, não deixa de ser poético que Dion tenha gravado a música sobre perda amorosa por insistência do marido. Em 2014, ela interrompeu sua turnê para cuidar de Angélil, vitimado pela segunda vez por um câncer na garganta.

Ele morreu em 2016, aos 73 anos. A letra de "My Heart Will Go On" termina assim:

> "NÓS FICAREMOS SEMPRE DESSE JEITO
> VOCÊ ESTÁ SEGURO NO MEU CORAÇÃO
> E MEU CORAÇÃO CONTINUARÁ
> E CONTINUARÁ."

*Veja mais sobre o amor no cinema e na música a partir da página 135.*

## OS SÍMBOLOS DO AMOR

### MAÇÃ

Você já ouviu a expressão "gostar da fruta", certo? Oficialmente, contudo, maçã nem fruto é. Trata-se do pseudofruto da macieira, possivelmente a primeira árvore a ser cultivada na história. É uma tecnicidade: um pseudofruto é resultado do desenvolvimento de um tecido vegetal próximo da flor, ao passo que um fruto é proveniente do ovário propriamente dito.

Mas como um pseudofruto (que, portanto, nem do ovário vem) se tornou um símbolo do amor e da sexualidade? Bem, é uma história complicada.

Para começar, na mitologia grega, a palavra "maçã" era um termo genérico usado para designar qualquer fruto estrangeiro. Uma das citações mais emblemáticas ocorre na narrativa sobre o herói grego Héracles, incumbido de realizar 12 trabalhos, sendo um deles coletar as maçãs de ouro da Árvore da Vida, no Jardim de Eurípedes.

A maçã começaria a adquirir a reputação que tem hoje ao se tornar "o pomo da discórdia". Na mitologia grega, Éris é desprezada pela mãe, Hera, por não ser bonita o bastante. A filha rejeitada se torna então a deusa da discórdia e atira uma maçã com a inscrição "À mais bela!" em um banquete que reunia deuses e deusas.

Afrodite, Atena e, adivinhe, Hera brigam pela posse do fruto-troféu. Diante do conflito, Zeus confia a Páris a decisão sobre quem seria a agraciada, em um julgamento que se tornou o prelúdio da Guerra de Troia.

Cada candidata oferece uma forma de suborno. Afrodite oferta a Páris a mais bela das mulheres, Helena de Esparta; Hera promete poder; Atena, sabedoria. Páris premia Afrodite, por amor a Helena.

Pronto, estava reforçado o valor simbólico do pseudofruto da macieira. A alegoria do pecado original proposta pela Bíblia já foi representada pela uva e pelo figo, mas foi a maçã que ficou com o título.

A despeito da proibição divina, Eva e Adão provam da fruta e acabam expulsos do Éden. O símbolo do amor passa a representar também ganância, traição, pecado, fraqueza e culpa.

No correr dos séculos, a representação da maçã nas artes plásticas reforça essa ambiguidade, ora representando o pecado original, ora simbolizando sentimentos elevados, nas mãos da Virgem Maria e do Menino Jesus, pela semelhança de sua forma com a do coração, "a sede do amor".

Na vida pagã, a fruta acabou sendo incorporada a supostos feitiços amorosos e licores afrodisíacos. Em festas juninas brasileiras, costuma ser comercializada a maçã do amor, com a fruta inteira espetada num palito e mergulhada numa calda açucarada com corante alimentício vermelho.

Decididamente, um fruto proibido para diabéticos.

# CORAÇÃO

Perdoe a crueza do fato, mas o coração é uma bomba. Trata-se de um órgão muscular que impulsiona o fluxo sanguíneo pelo sistema circulatório. O símbolo máximo do amor é uma víscera, formada por aurículas, ventrículos, válvulas e outros componentes nada fofinhos.

A função do coração não é amar, mas fazer com que o sangue transporte oxigênio, nutrientes e resíduos metabólicos pelo corpo. Bem, uma vantagem disso é que, depois de um transplante do coração, um receptor não passa a amar a(o) viúva(o) do doador.

O amor é um processo desencadeado no cérebro, como este livro explica melhor mais adiante, ao retratar a base biológica do amor. O fato é que sentimentos e emoções podem alterar os batimentos cardíacos, causando essa romântica confusão.

É o cérebro que ama, portanto; o coração só dá o recado. Santo Agostinho, que não era médico, escreveu que o órgão era um recipiente do amor divino, ainda que simbolicamente. Como órgão central do corpo humano e um atributo da alma, caberia ao coração mediar a busca pelo conhecimento.

O coração fofinho que hoje você usa como emoji vem do desenho estilizado da França para designar uma classe social representada num dos naipes do baralho. A palavra *choeur*, que significava "clero", acabou se tornando *couer*, "coração".

A forma se propagou, então, como um símbolo universal do amor.

# FLECHA

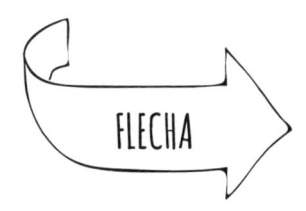

Artefato comum à maioria das culturas ancestrais da humanidade, a flecha é um instrumento de morte, usado tanto para a caça quanto para o embate com outros seres humanos. De madeira ou metal, com a forma de uma haste pontiaguda, é disparada por um arco ou uma besta, como uma espingarda rudimentar. Nada mais que um projétil.

No Ocidente o artefato simboliza apaixonamento, por conta da mitologia greco-romana. Eros, o deus do amor (ou Cupido, como é conhecido mais popularmente), usa um arco para alvejar os corações das pessoas para que se apaixonem.

Mas a mesma mitologia ensina que uma flechada também pode atrapalhar um romance. Se a ponta do artefato for redonda e de chumbo, o resultado é a rejeição. Foi o que o Cupido do amor fez, por puro capricho, com Apolo e Dafne. Ao rejeitar o deus grego, ela acabou transformada num pé de louro.

No Oriente, há uma figura bastante semelhante a Eros/Cupido. Kamadeva (ou Kama) é o deus hindu do amor, também representado com um conjunto de arco e flecha. De acordo com essa mitologia, ele acerta Brama, deus da música e das canções, fazendo-o se apaixonar por uma de suas filhas! Irritado com o baita inconveniente, Brama amaldiçoa Kama, dizendo que ele será morto por uma de suas próximas vítimas. E acontece: Xiva, perturbado por Kama durante uma meditação, lança-lhe um raio que reduz o deus hindu do amor a cinzas.

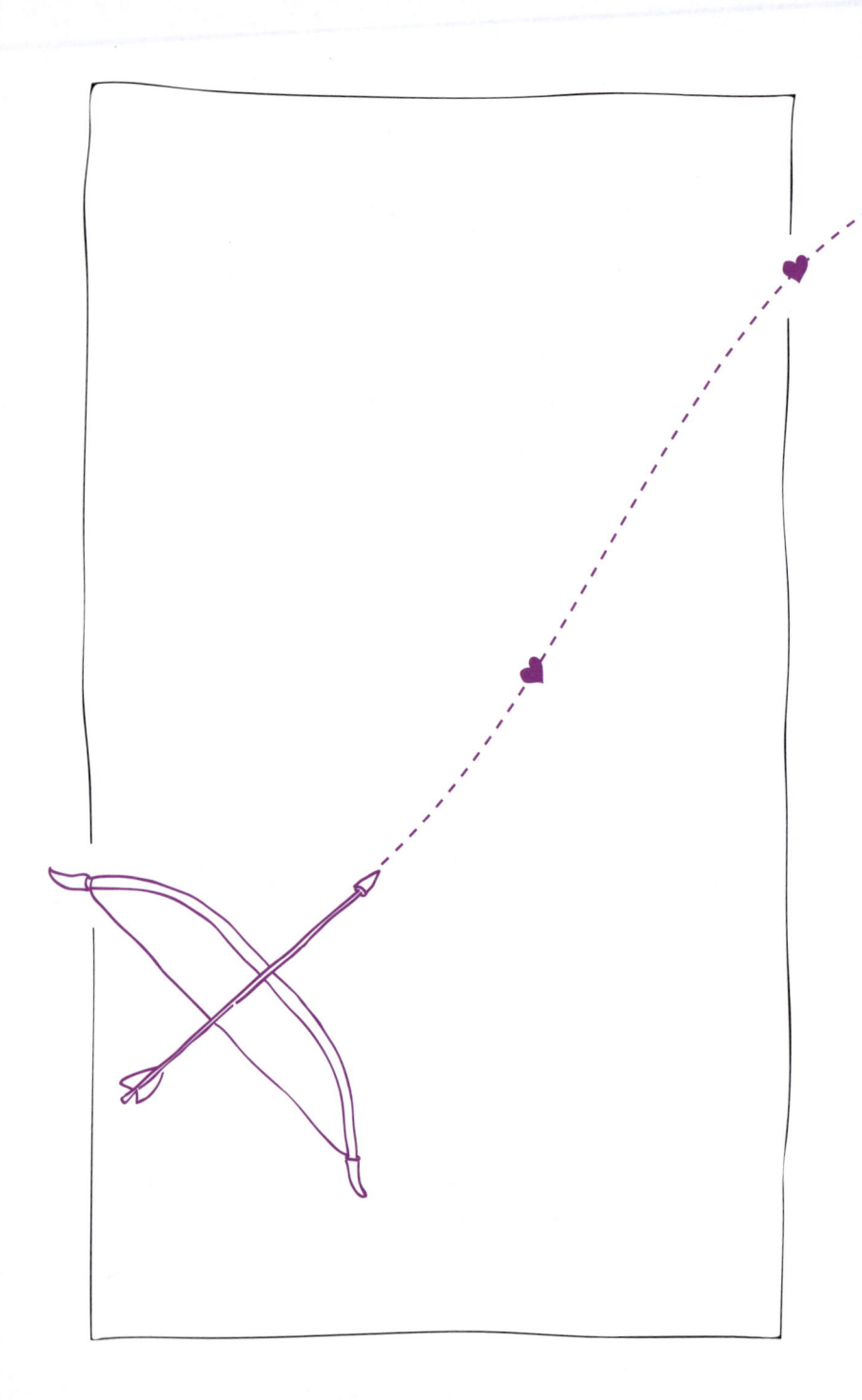

# POÇÃO DO AMOR

Trata-se de uma forma de, bem, envenenamento. Algo como um "Boa noite, Cinderela" de efeito romântico e mais duradouro. Produzida por feiticeiros, a beberagem teria o poder de despertar em alguém sentimentos por determinada pessoa. Em geral, a que aparecer primeiro.

A receita varia de acordo com o bruxo, mas os ingredientes podem incluir ervas, insetos, sangue de pombo e/ou partes de corpos de aves, linces e bezerros (como a língua e o cérebro).

Um dos precursores da poção do amor seria o ginseng, erva usada no preparo de afrodisíacos na China há mais de 5 mil anos.

No Ocidente, vários mitos gregos aludem a essa trapaça romântica. No poema épico *Odisseia*, de Homero, Glauco ama Cila, mas é feio demais para ser correspondido. Encomenda então uma poção do amor à bruxa Circe, que, por sua vez, está apaixonada por ele. Em vez de despertar o amor em Cila, a feiticeira a transforma num monstro.

Conta-se que Cleópatra, a mais célebre rainha egípcia, recorreu a uma poção com uma planta do gênero *Datura*, da família *Solanaceae* (também citada por Homero), para obter o amor de César. Na Irlanda, diz o folclore que um chá feito com o fígado seco de um gato preto, servido em um bule de mesma cor, também funciona como poção do amor – só que provisória. Seria preciso servir a bebida constantemente à pessoa amada, para que o efeito perdure e o amor dela não se transforme em ódio.

Em 1992, foi lançada a comédia romântica *Poção do amor nº 9*, com Sandra Bullock e Tate Donovan. Na história, eles são cientistas e testam a poção em animais, mas acabam experimentando o líquido que os torna temporariamente irresistíveis. Muita confusão acontece até que descubram que o amor verdadeiro pode estar muito mais próximo do que imaginam.

O filme foi inspirado na canção "Love Potion nº 9", composta por Jerry Leiber e Mike Stoller, originalmente interpretada pela banda The Covers. Segundo a imprensa especializada, o filme não se saiu tão bem quanto a música.

Na avaliação do crítico da revista *People*, "deveria haver uma lei que obrigasse filmes baseados em canções pop a não exceder o tempo de execução do material de origem". O filme tem 95 minutos... Trívia: o nome do filme não se refere à poção de amor da história, mas a seu antídoto.

Em 2005, houve outra referência importante na cultura pop ao recurso da poção de amor. Em *Harry Potter*, J.K. Rowling retrata uma substância do tipo, intitulada Amortentia. O problema dessa poção é que não desperta amor verdadeiro na vítima, mas uma obsessão pela pessoa "amada".

No Nordeste brasileiro, há uma referência folclórica ao expediente da poção de amor. Uma receita tradicional inclui o bico ou o fígado de aves do tipo anum, torrado ou moído, adicionado à bebida de preferência da vítima. Mas a crença diz que a poção só funciona se forem recitados os seguintes versos:

EU TE PISO, EU TE REPISO
E TE REDUZO A GRANIZO
NO PILÃO DE SALOMÃO
QUE SETE ESTRELAS O PRENDAM
LHE DEEM FORÇA DE LUAR
PARA QUE POSSA ABRANDAR
O SEU DURO CORAÇÃO
QUEM ISTO BEBER
QUEM ISTO CHUPAR
HÁ DE AMAR
ATÉ MORRER

    Há também uma versão amazônica dessa crendice, em que o pó de anum deve ser aplicado direto na saliva da pessoa de quem se deseja o amor. Mais prático, não?

## MOVIMENTOS AMOROSOS

### AMOR LIVRE

Cunhada ainda no século XIX, a expressão descreve um movimento que rejeita o casamento tradicional, baseado no patriarcado, e defende formas alternativas de relações amorosas, sem controle do Estado, da Igreja ou mesmo entre os parceiros.

Essa corrente surgiu no seio do anarquismo, ideologia política que condena qualquer tipo de autoridade, seja proveniente das leis, da família ou da religião.

Os defensores do amor livre pregavam a igualdade entre homens e mulheres, inclusive no exercício da sexualidade, postura considerada profundamente radical na era vitoriana. Embora o conceito de amor livre hoje seja muito confundido com a ideia de promiscuidade, não era essa a causa de seus proponentes históricos.

Eles não defendiam relações de curto prazo ou múltiplos parceiros especificamente, mas que os relacionamentos não fossem estabelecidos com base em regras ou formatos impostos por qualquer instância de poder. Na prática, o amor livre poderia incluir relações monogâmicas de longo prazo e até celibato, desde que esta fosse uma escolha espontânea das pessoas em questão.

Ao longo dos últimos séculos, sucessores do movimento lutaram contra leis que impunham restrições a casais não casados e defenderam direitos, como o controle de natalidade, o aborto, o divórcio, a união entre pessoas do mesmo sexo, entre outros temas progressistas.

⇨ PAZ E AMOR ⇦

O movimento hippie ocorreu no Ocidente nos anos 1960 e 1970. Foi uma corrente comportamental de contracultura. Pacifista, tinha como slogan "Paz e amor".

Os hippies pregavam uma vida comunitária, nômade e de comunhão com a natureza. Combatiam o patriarcado, o capitalismo, o nacionalismo, o autoritarismo governamental, as grandes corporações e todo e qualquer tipo de guerra, mas, em especial, a do Vietnã (1955-75), combatida com outro slogan emblemático: "Faça amor, não faça guerra".

Ao mesmo tempo, os participantes do movimento hippie defendiam o meio ambiente, o naturismo, a experimentação de formas alternativas de consciência (ok, drogas) e a emancipação sexual.

Muitos artistas foram embaixadores informais da contracultura, como Janis Joplin, Jim Morrison, Jimi Hendrix e John Lennon, dos Beatles. No Brasil, a cultura de paz e amor ecoou ao som de Os Mutantes, com Rita Lee no vocal, e de Raul Seixas.

Hoje, comunidades hippies resistem em locais, como a cidade mineira de São Tomé das Letras, o vilarejo de Trindade – em Paraty, no Rio de Janeiro –, em Trancoso, na Bahia, e na cidade histórica de Pirenópolis, em Goiás.

Esse movimento também flertava com algumas ideias do amor livre. Repare no discurso antimonogâmico da canção "A maçã" (1975), de Raul Seixas:

"SE ESSE AMOR
FICAR ENTRE NÓS DOIS
VAI SER TÃO POBRE AMOR
VAI SE GASTAR
SE EU TE AMO E TU ME AMAS
UM AMOR A DOIS PROFANA
O AMOR DE TODOS OS MORTAIS
PORQUE QUEM GOSTA DE MAÇÃ
IRÁ GOSTAR DE TODAS
PORQUE TODAS SÃO IGUAIS
SE EU TE AMO E TU ME AMAS
E OUTRO VEM QUANDO TU CHAMAS
COMO PODEREI TE CONDENAR?
INFINITA TUA BELEZA
COMO PODES FICAR PRESA

QUE NEM SANTA NUM ALTAR?
QUANDO EU TE ESCOLHI
PARA MORAR JUNTO DE MIM
EU QUIS SER TUA ALMA
TER SEU CORPO, TUDO ENFIM
MAS COMPREENDI
QUE ALÉM DE DOIS EXISTEM MAIS
AMOR SÓ DURA EM LIBERDADE
O CIÚME É SÓ VAIDADE
SOFRO, MAS EU VOU TE LIBERTAR
O QUE É QUE EU QUERO
SE EU TE PRIVO
DO QUE EU MAIS VENERO?
QUE É A BELEZA DE DEITAR"

## A NATUREZA DO AMOR

O filósofo alemão Arthur Schopenhauer (1788-1860) enxergava o amor como uma estratégia da natureza para garantir a perpetuação da espécie, ao que chamava de "impulso de vida".

Muita gente pensa no relacionamento amoroso como um encontro de almas, uma união predestinada, mas na perspectiva do filósofo o que se procura é alguém com quem se possa ter um filho geneticamente favorecido. Esses impulsos permaneceriam em toda a espécie, mesmo entre homossexuais, assexuais, celibatários e pessoas que, por qualquer impedimento físico, não podem ter filhos.

De uma geração anterior à do evolucionista Charles Darwin e cerca de seis décadas antes da psicanálise de Sigmund Freud, Schopenhauer foi pioneiro ao apontar motivações biológicas e inconscientes para o amor.

"São explicações talvez não muito agradáveis sobre os motivos que nos levam a nos apaixonar, mas pode haver um consolo para a rejeição: saber que nosso sofrimento é normal", afirma o criador da The School of Life, o filósofo suíço Alain de Botton, em *As consolações da filosofia* (Editora Rocco).

"O amor não poderia nos induzir a carregar o fardo da multiplicação da espécie sem nos prometer toda a felicidade que pudéssemos imaginar", justifica. Para Botton, você deve respeitar essa lei da natureza, que, ocasionalmente, leva a um fora, da forma que respeita um terremoto. É um imperativo da natureza.

Para Schopenhauer, "o que perturba e provoca sofrimento nos anos de juventude é a busca obsessiva da felicidade com a firme suposição de que ela deve ser encontrada na vida". A partir dessa crença, surge uma esperança que nasce e morre a cada instante. O que faz, por exemplo, com que você se sinta derrotado quando um amor não dá certo. Então, de algum modo, pode ser reconfortante compreender que a felicidade nunca foi prioridade dessa natureza da qual tudo e todos fazem parte, incluindo você, o seu crush e até mesmo o amor.

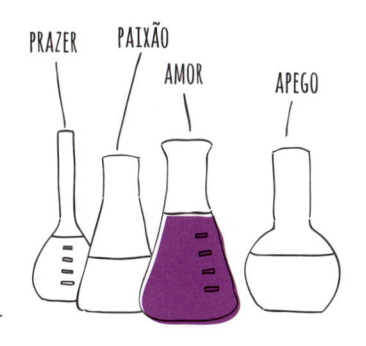

A verdade, no entanto, é que isso não é lá muito fácil. Segundo Freud, o amor sexual proporciona as mais fortes vivências de satisfação e, por essa razão, funciona como um protótipo de toda a felicidade. Depois de experimentar essa sensação uma vez, é natural que você a procure sempre.

É por isso também que o amor ocupa o centro da vida de tanta gente. "O indivíduo se torna dependente, de maneira preocupante, de uma parte do mundo exterior", afirma o psicanalista em uma de suas mais conhecidas obras, *O mal-estar na civilização* (Editora Penguin & Companhia das Letras).

Essa parte exterior a você é a pessoa amada. "Nunca estamos mais desprotegidos ante o sofrimento do que quando amamos e nunca mais desamparadamente infelizes do que quando perdemos o objeto amado ou seu amor", sentencia.

Por esse motivo, prossegue o austríaco, "os sábios de todas as épocas desaconselham enfaticamente esse caminho (o do amor romântico)". Apesar disso, a experiência amorosa jamais deixou de atrair a grande maioria dos seres humanos.

# AMOR DE FASES

Os mecanismos orgânicos do amor estão atrelados a um relacionamento íntimo nunca mencionado em contos de fadas e comédias românticas: o casamento entre a mente e o corpo. As sensações de aperto no coração e de coração acelerado, por exemplo, são reais, mas desencadeadas por neurotransmissões e descargas hormonais.

Por isso, é importante respirar fundo e separar a base biológica de afeto e tesão do que é cultural e pode ser desconstruído.

A despeito da utopia do "felizes para sempre" pregada pelo amor romântico, a verdade é que relacionamentos têm fases porque cumprem ciclos psíquicos claramente identificados pela ciência: a paixão, o amor romantizado e o amor companheiro, nessa ordem, conforme enumera o neurocirurgião Fernando Gomes Pinto, autor do livro *Neurociência do amor* (Planeta).

Para Gomes Pinto, entender essas etapas o ajuda a tomar decisões melhores por si mesmo e pelo relacionamento. O autor lembra que, entre todas as espécies, o *Homo sapiens* é o único que tem o cérebro complexo o bastante para sentir e perceber emoções tão elaboradas como o amor. Ou seja, relacionar-se tem seus percalços, mas é um privilégio evolutivo.

Quer entender melhor? Uma pessoa adulta desfruta, em média, de aproximadamente 86 bilhões de neurônios, capazes de realizar um número insondável de sinapses. É essa engenharia em você que se apaixona e ama.

A fase da paixão, mais motivada, ansiosa e sexualizada, costuma durar de seis meses a dois anos, e é exaustiva para a mente.

O cérebro tende a simplificar qualquer tarefa com o tempo – inclusive a paixão, conforme explica o neurocirurgião. Porém, esse é apenas o início do processo amoroso. Na sequência, vem o amor romantizado, em que a libido ainda é um componente importante, mas que pode ser vivida com mais serenidade.

Na terceira fase, a do companheirismo, o desejo perde espaço na relação ao mesmo tempo que aumentam o vínculo e o compromisso. Bem, isso quando o casal aprende a lidar com a transformação. Essa virada, explica o médico, é o que os norte-americanos chamam de "coceira dos quatro anos", um ponto de transição ao qual um terço dos relacionamentos não resiste.

O problema é que a cultura do amor romântico não compactua com a biologia e muitas pessoas se frustram com a diminuição do tesão no relacionamento. E mais: a progressão dessas fases não ocorre em sincronia – um dos enamorados pode mudar de estágio antes do outro.

Com o aumento da expectativa de vida, a fase do companheirismo pode se prolongar por décadas. Ao mesmo tempo, os parceiros são hoje cada vez mais expostos à felicidade editada de outros casais, via redes sociais, o que pode suscitar um desejo por mais.

Mas nem tudo é ameaça. O trunfo dos casais contemporâneos é justamente a possibilidade de poder compreender essa complexidade e conversar abertamente sobre ela. Saber de tudo isso, conhecer e aceitar os processos biológicos e sociais atrelados ao amor pode ser de grande ajuda para qualquer relacionamento.

É o que o psicólogo norte-americano John Flavell, professor da Universidade de Stanford, batizou nos anos 1970 como "metacognição". Para ele, o conhecimento que as pessoas adquirem sobre as próprias emoções pode ajudá-las a manejar esses sentimentos para realizar objetivos concretos, como preservar um grande amor. Não se deve, contudo, contar com um amor para sempre. É um pressuposto perigoso, que põe pressão sobre os cônjuges, ao mesmo tempo que despreza circunstâncias que mudam de tempos em tempos.

No Brasil, um a cada quatro casamentos termina em separação, como informa o Instituto Brasileiro de Geografia e Estatística (IBGE).

O sociólogo polonês Zygmunt Bauman (1925-2017) cunhou o termo "amor líquido" para retratar a fluidez dos relacionamentos contemporâneos. Se hoje o casamento não é mais uma condenação "até que a morte os separe" – e agora as pessoas têm liberdade para mudar de ideia e seguir outro caminho, o que, em muitos casos, é louvável –, também há o perigo denunciado pelo sociólogo de nunca se estabelecerem conexões verdadeiras e de se vagar por relações breves e superficiais em busca de uma satisfação que jamais se concretiza.

Por tudo isso, a melhor estratégia talvez seja manter uma perspectiva minimamente racional – é possível que o amor acabe antes da vida, seja por uma questão biológica, cultural ou geracional. Mas o fim não precisa ser um tabu porque é um desdobramento perfeitamente possível e que não apaga todas as experiências compartilhadas até então.

Não precisa ser tabu do mesmo jeito que não tem de ser uma sentença. Caso uma conexão verdadeira persista até que a morte os separe, uau, que maravilha. É como um bônus de amor.

Uma queixa frequente em relacionamentos prolongados é a diminuição da libido, que pode ser contida com uma combinação de estratégias. Uma delas é a prática regular de atividade física, que estimula a produção da endorfina no organismo, hormônio diretamente relacionado ao tesão.

Manter uma dieta balanceada – que também pode incluir alimentos afrodisíacos, como o cacau e a pimenta – é outro recurso a considerar para aumentar o desejo e o prazer, conforme ensina o livro *Neurociência do amor*.

Há outra dica muito saborosa: desfrutar de bons momentos juntos. O prazer compartilhado ao ver um filme, sair para jantar ou fazer uma viagem também estimula o interesse mútuo, renovando em cada parceiro memórias felizes relacionadas à união.

Todo relacionamento é uma edição das próprias memórias – por isso, há de produzir sempre um bom material bruto. Momentos de carinho e alegria precisam ser reprisados e recriados de tempos em tempos.

Outro elemento crucial é o contato físico. Muitos casais já fazem uso desse recurso inconscientemente, com o chamado "sexo de reconciliação", intenso o bastante para restabelecer a conexão em momentos de fragilidade. Mas há outras abordagens. Pesquisas mostram que casais que se comunicam bem – que se expressam e se ouvem – também tendem a se manter juntos por mais tempo.

A admiração mútua, demonstrada pela troca regular de elogios sinceros, também fortalece o vínculo.

## HORMÔNIOS GOSTOSOS

Os hormônios são substâncias químicas produzidas pelo sistema endócrino e por neurônios altamente especializados (nesse caso, chamam-se neurotransmissores). A palavra "hormônio", a propósito, vem do grego *ormóni* e significa "evocar", "excitar".

Quando liberados, os hormônios são transportados pela corrente sanguínea, influenciando reações físicas, psíquicas e comportamentais. Eles têm ação reguladora: isto é, podem estimular ou inibir funções, de acordo com a situação e a necessidade.

Por essa razão, os sentimentos e as sensações associados a relacionamentos amorosos estão ligados de forma intrínseca às descargas liberadas no organismo de quem ama e/ou deseja sexualmente. A atração, por exemplo, ocorre com a ação da dopamina e da serotonina, neurotransmissores relacionados à recompensa e ao prazer. Elas são responsáveis pelas sensações agradáveis que alguém sente diante de um crush, muito antes do primeiro beijo.

*hummm chocolate!*

O tesão propriamente dito está ligado a descargas de testosterona e estrogênio, hormônios sexuais que, embora considerados masculino e feminino, respectivamente, estão presentes em ambos os gêneros (em proporções menores no sexo oposto).

Com o toque, o organismo libera endorfina (o mesmo neurotransmissor relacionado ao bem-estar desencadeado pela atividade física), reforçando o prazer.

Se tudo correr maravilhosamente bem, ocorre a liberação da ocitocina, o "hormônio do amor", associado à empatia, ao vínculo e ao apego. Como se não bastasse, a ocitocina também desempenha outras funções cruciais no corpo humano – está ligada às contrações musculares uterinas, à redução do sangramento durante o parto, ao estímulo da liberação do leite materno, ao aumento da coragem diante do desconhecido e à parte do prazer desencadeado por um orgasmo.

## ❤ AMORES CONTEMPORÂNEOS ❤

No livro *Novas formas de amar*, Regina Navarro Lins faz um apanhado das transformações por que passam os relacionamentos de hoje. A revolução sexual, o divórcio, a pílula, as conquistas de visibilidade e direitos civis pela comunidade LGBT e o advento das redes sociais e dos aplicativos para encontros têm tornado as relações mais plurais e flexíveis.

A verdade é que, ao menos em países minimamente democráticos, como o Brasil, cada casal pode ter o formato que mais lhe apeteça a cada momento da vida.

Morar junto ou separado, de papel passado ou por acordo verbal, ter relação fechada ou aberta (parcial ou totalmente), integrar um casal, um trisal ou um relacionamento poliamoroso... Vale praticamente tudo, desde que seja consensual e nos limites da legalidade.

Os enamorados de hoje e do futuro dispõem da liberdade – e da responsabilidade – de viver relacionamentos autorais.

Um dos exemplos mais emblemáticos de um amor revolucionário em constante reformulação ocorreu muito antes da popularização da internet: a parceria de vida entre os filósofos franceses Simone de Beauvoir (1908-86) e Jean-Paul Sartre (1905-80).

O romance foi retratado na biografia *Tête-à-Tête* (Objetiva), de Hazel Rowley. Eles passaram mais de meio século juntos sem nunca se casar ou ter filhos. Desde 1986, quando ela morreu, seis anos depois dele, os dois compartilham o mesmo túmulo no Cemitério de Montparnasse, em Paris.

Ao longo das décadas, Simone e Jean-Paul adaptaram as regras de seu contrato íntimo, chegando a um modelo próximo do que se conhece hoje como amor livre, em que mantinham namoros paralelos.

Tudo às claras, e, em geral, davam-se bem com os amantes um do outro. Em alguns casos, chegaram a compartilhar romances passageiros. Num dado momento, quando o desejo se mostrou desgastado pelo tempo, foi acordado que não manteriam mais relações sexuais entre si, mas prosseguiriam como parceiros de vida até o fim, como de fato aconteceu.

Simone escreveu certa vez que relacionamentos longevos nunca ficam prontos, porque desfrutam de um equilíbrio eternamente provisório, que nunca se estabelece.

Por isso, quem ama precisa sempre se manter atento. E isso vale para relacionamentos de todos os formatos.

## → INSPIRAÇÃO ←

*Nem tudo são flores.*

# O QUE DIZEM SOBRE O AMOR?

"O AMOR É QUERER ESTAR PERTO, SE LONGE; E MAIS PERTO, SE PERTO."

*Vinicius de Moraes*

"O AMOR MOSTRA O SER HUMANO COMO DEVERIA SER SEMPRE."

≫—▷ Anton Tchekhov

"O amor tem a virtude, não apenas de desnudar dois amantes um em face do outro, mas também cada um deles diante de si próprio."

CESARE PAVESE

"O AMOR NÃO
É RECÍPROCO,
É PESSOAL,
NASCE NO MAIS ÍNTIMO
DA NOSSA IDENTIDADE.
NÃO É METADE DE NADA,
É UM TODO.
PRECISA DO OUTRO
COMO FIM,
NÃO COMO PRINCÍPIO."

↪ *José Luís Nunes Martins*

"APAIXONAR-SE É PASSIVO; AMAR, ATIVO; O PERFEITO ESTÁ NO QUE NÃO É NEM ISTO NEM AQUILO."

AGOSTINHO SILVA

"AMAR OS OUTROS É A ÚNICA SALVAÇÃO INDIVIDUAL QUE CONHEÇO:

"NINGUÉM ESTARÁ PERDIDO SE DER AMOR E ÀS VEZES RECEBER AMOR EM TROCA."

CLARICE LISPECTOR

"Há vários motivos para não amar uma pessoa, e um só para amá-la; este prevalece."

— CARLOS DRUMMOND DE ANDRADE

"TUDO O QUE AMAMOS PROFUNDAMENTE CONVERTE-SE EM PARTE DE NÓS MESMOS."

HELEN KELLER

"O MEU AMOR
NASCEU ONTEM.
EU NASCI
UM SEGUNDO DEPOIS."

⇨ *Miguel Esteves Cardoso*

"O AMOR NÃO SE MANIFESTA NO DESEJO DE FAZER AMOR COM ALGUÉM, MAS NO DESEJO DE PARTILHAR O SONO."

MILAN KUNDERA

"Amar é nos ultrapassarmos."

Oscar Wilde

"O AMOR NÃO TEM IDADE.

ESTÁ SEMPRE A NASCER."

BLAISE PASCAL

"QUE NÃO SEJA IMORTAL, POSTO QUE É CHAMA

MAS QUE SEJA INFINITO ENQUANTO DURE."

VINICIUS DE MORAES

"O AMOR
É A UNIÃO
DE DUAS
SOLIDÕES
QUE SE
RESPEITAM."

RAINER RILKE

"AMAR
É MUDAR
A ALMA
DE CASA."

MÁRIO QUINTANA
♥

"EU QUERO
A SORTE
DE UM AMOR
TRANQUILO,
COM SABOR
DE FRUTA
MORDIDA."

CAZUZA

"O AMOR É A FORÇA MAIS SUTIL DO MUNDO."

MAHATMA GANDHI

> "Só se vê bem com o coração – o essencial é invisível aos olhos."
>
> ANTOINE DE SAINT-EXUPÉRY

# "SINTO, LOGO SOU."

SOREN KIERKEGAARD

"AMOR É UM FOGO
QUE ARDE SEM SE VER,
É FERIDA QUE DÓI
E NÃO SE SENTE,
É UM CONTENTAMENTO
DESCONTENTE,
É DOR QUE DESATINA
SEM DOER. É UM NÃO
QUERER MAIS QUE

BEM QUERER, É UM ANDAR SOLITÁRIO ENTRE A GENTE, É NUNCA CONTENTAR-SE DE CONTENTE, É UM CUIDAR QUE GANHA EM SE PERDER."

*Luís Vaz de Camões*

"Talvez seja verdade que nós não existimos realmente até que alguém note a nossa existência, que não dizemos nada até que alguém possa entender a essência daquilo que estamos dizendo, e que só estamos completamente vivos até sermos amados."

ALAIN DE BOTTON

# QUE TAL SE INSPIRAR E ESCREVER SOBRE O AMOR?

*(o seu nome)*

## DECLARAÇÃO

# QUEM É O SEU AMOR?

*Não tenha medo de expressar o seu amor!*

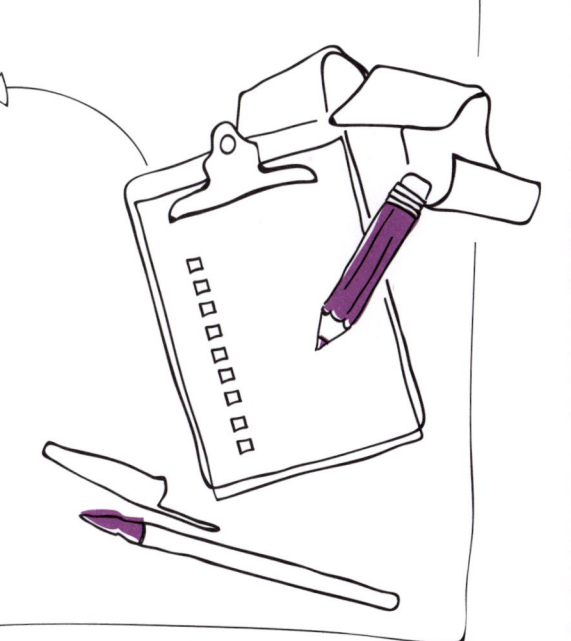

1. Como eu desenharia você?

(O importante não é minha habilidade para o desenho, ok? Mas o fato de que eu adoro me lembrar do seu rosto.)

2. O que senti quando vi você pela primeira vez?

3. Como foi a nossa primeira conversa? Segue um trechinho do diálogo.

Você:

Eu:

Você:

Eu:

Você:

Eu:

4. Em que me enganei sobre você a princípio? Seguem dois exemplos.

✳

✳

5. Quais impressões estavam certas desde o comecinho? Seguem dois exemplos.

✳

✳

6. Quando percebi que comecei a conhecer você um pouco melhor?

7. Quais são as suas características que mais admiro?

8. O que mais me surpreende em você?

9. Quais são as cinco coisas que mais gosto de fazer na sua companhia?

✳
✳
✳
✳
✳

10. Quais são as suas cinco principais manias que eu acho mais fofinhas?

✳
✳
✳
✳
✳

11. Quais são as minhas cinco principais manias que você me ajudou a perceber?

✹

✹

✹

✹

✹

12. O que você me disse que eu nunca esqueci?

13. O que eu gostaria de ter dito a você e ainda não consegui?

14. Qual foi o momento mais marcante que passei com você? Por quê?

15. Quais são as três viagens que mais gostaria de fazer com você?

✳

✳

✳

16. Por que eu acho que a gente combina tanto?

17. Quais são as três palavras ou expressões que mais me fazem lembrar de você?

✳

✳

✳

18. Quando você me ajudou muito sem nem perceber? E por quê?

---

19. O que já conquistamos juntos e que me enche de orgulho?

## 20. Por que eu me sinto tão confortável com você?

## 21. Qual é o seu mistério que mais me intriga?

## 22. Como você tem me ajudado a ser uma pessoa melhor?

_____
_____
_____
_____
_____
_____
_____

## 23. Como gosto de chamar você?

Seu apelidinho da vergonha:

_____

## 24. Como gosto que você me chame?

Meu apelidinho da vergonha:

_____

## 25. Como imagino o nosso futuro?

# 26. Como eu desenharia o nosso lar ideal?

(Ok, depois a gente contrata um arquiteto para dar um jeito nisso.)

27. Cinco coisas boas que eu gostaria de fazer por você.

*

*

*

*

*

# 28. Que receitas eu posso preparar para você?

☐ **BRIGADEIRO** Desculpa por chegar atrasado(a) outra vez, eu vou melhorar.

☐ **MOUSSE DE LIMÃO** Compensadora de filme ruim.

☐ **PANQUECA** Putz! Esqueci aquela data importante.

☐ **MILK-SHAKE** Queimei o jantar, mas está calor mesmo.

☐ **O QUE QUER QUE EU FAÇA,** vamos comer fora para o seu próprio bem – eu pago!

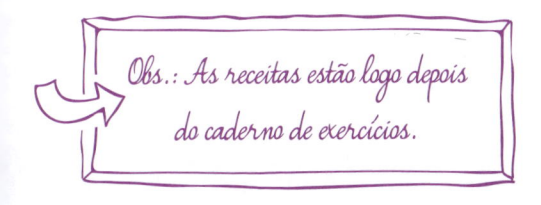

*Obs.: As receitas estão logo depois do caderno de exercícios.*

29. Como seria um poeminha que eu escreveria em sua homenagem?

(Favor considerar que não sou Vinicius de Moraes! Por isso, duas páginas para rascunho.)

# 30. Quais são as músicas que me fazem lembrar de você?

✳

✳

✳

✳

✳

# 31.

Entre as opções abaixo, qual define melhor o meu amor por você?

☐ Este livro é uma pegadinha. Na verdade, eu não amo você. Foi mal!

☐ Parece que chegamos à friendzone, não é mesmo?

☐ Um tiquinho só, vai...

☐ Bastante, mas menos que sorvete.

☐ O suficiente para aguentar os seus pais. Brincadeirinha...

☐ Acabo de escrever um livro a seu respeito... Preciso admitir que: ✱

# AMO MUITO VOCÊ!

# RECEITAS SEDUTORAS

# BRIGADEIRO
## DESCULPA POR CHEGAR ATRASADO(A) OUTRA VEZ, VOU MELHORAR

**Ingredientes:**

- ✳ 1 colher de sopa de manteiga ou margarina
- ✳ 1 lata de leite condensado
- ✳ 4 colheres de sopa de chocolate em pó ♥
- ✳ 1 pacote de chocolate granulado

**Preparo:**

1. Aqueça uma panela em fogo médio

2. Coloque a manteiga para derreter

3. Adicione o leite condensado

4. Acrescente o chocolate em pó

5. Mexa até que o brigadeiro comece a desgrudar do fundo da panela

6. Deixe esfriar

7. Unte as mãos com manteiga e enrole as bolinhas

8. Mergulhe-as num prato com o granulado

# MOUSSE DE LIMÃO
## COMPENSADORA DE FILME RUIM

**Ingredientes:**

- ✳ 1 lata de leite condensado
- ✳ 1 lata de creme de leite
- ✳ 60 ml (¼ de xícara) de suco de limão
- ✳ raspas da casca de um limão

**Preparo:**

1. Bata o leite condensado, o creme de leite e o suco no liquidificador

2. Despeje o líquido em um pote ou em tacinhas

3. Rale apenas a superfície verde da casca do limão e polvilhe sobre a mousse

4. Coloque na geladeira por, no mínimo, duas horas

*algumas dicas:*

### Dica 1
Para um efeito especial, quebre biscoitos/bolachas doces e os/as mergulhe na mousse antes de colocar para gelar.

### Dica 2
Caso não tenha se programado com a antecedência necessária, coloque a mousse no freezer por apenas 30 minutos. Mas não vá esquecê-la lá, hein!

# PANQUECA
## PUTZ! ESQUECI AQUELA DATA IMPORTANTE

**Ingredientes:**

- ✶ 1 xícara de chá de leite integral
- ✶ 2 ovos
- ✶ 4 colheres de sopa de óleo
- ✶ 1 colher de chá de sal
- ✶ 1 xícara e ½ de farinha de trigo

**Preparo:**

1. Bata todos os ingredientes líquidos e o sal no liquidificador

2. Quando a massa estiver homogênea, acrescente farinha aos poucos e bata mais

3. Despeje uma concha com a mistura em uma frigideira em fogo médio

4. Espalhe a massa para que forme um disco fino

5. Depois de alguns instantes, vire para dourar do outro lado

*algumas dicas:*

**Dica 1**
Para uma versão mais saudável do prato, utilize farinha de trigo integral e óleo de canola.

**Dica 2**
Sirva a panqueca com o recheio preferido do seu amor, doce ou salgado (caso opte pelo doce, dispense o sal da receita).

**Dica 3**
Caso não saiba o que colocar, utilize o brigadeiro da receita anterior.

# MILK-SHAKE
## QUEIMEI O JANTAR, MAS ESTÁ CALOR MESMO

**Ingredientes:**

- 3 bolas de sorvete de creme
- 2 xícaras e ½ de leite gelado
- 1 colher de chá de essência de baunilha
- cobertura em calda de chocolate

**Preparo:**

1. Bata todos os ingredientes no liquidificador, exceto a cobertura

2. Espalhe a calda em uma taça própria para milk-shake (vale o esforço, vai)

3. Coloque o milk-shake na taça e sirva imediatamente

*algumas dicas:*

**Dica 1**
Você pode substituir os sabores do sorvete e da cobertura pelos da preferência do seu amor.

**Dica 2**
Para um efeito crocante, misture duas colheres de sopa de chocolate maltado crocante no líquido com uma colher – não no liquidificador.

**Dica 3**
Não roube golinhos do seu amor. Faça a receita em dobro e se refresque também.

→ MANUTENÇÃO ✲

# COMO CUIDAR DO SEU AMOR?

*O amor precisa de cuidados!*

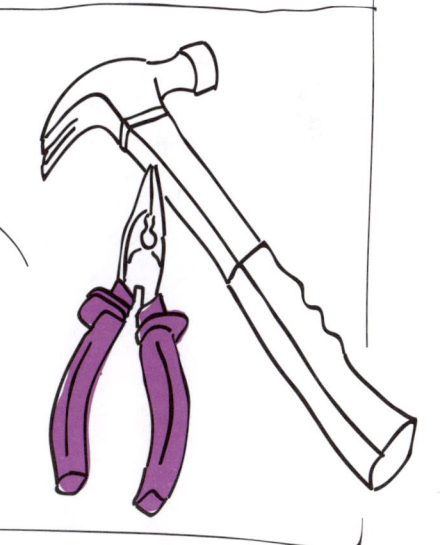

No livro *A arte de amar* (Itatiaia), o psicanalista, filósofo e sociólogo alemão Erich Fromm afirma que o amor não é uma manifestação espontânea, que simplesmente flui entre duas pessoas. Para ele, amor é aprendizado.

É como um ofício em que se melhora com estudo e experiência. "Se quisermos aprender como se ama, devemos proceder do mesmo modo que agiríamos se quiséssemos aprender qualquer outra arte, seja música, pintura, carpintaria, medicina ou engenharia."

Fromm ressalta que o amor é uma atividade, não um afeto passivo. "É um erguimento, não uma queda." De modo mais geral, prossegue o autor, o caráter ativo do amor pode ser descrito afirmando-se que o amor, antes de tudo, consiste em dar, e não em receber.

Por essa ótica, o amor é um exercício de empatia, compaixão, sabedoria e generosidade. Ou seja, o amor dá trabalho. Amar é difícil.

No curta de animação *Why Our Partners Drive Us Mad* [Por que nossos parceiros nos tiram do sério, em tradução livre], disponível no YouTube, o filósofo suíço Alain de Botton explica que cada pessoa ama com uma parte muito vulnerável de si.

A visão romântica do amor sugere que as pessoas ingressam em relacionamentos problemáticos por engano, enquanto uma leitura psicanalítica do assunto entende que essas escolhas expressam necessidades inconscientes – o modo precário com que se aprende a amar e a ser amado desde a infância.

Por isso, há cônjuge que depende o tempo todo da aprovação do outro, como um filho inseguro diante de pais exigentes, e parceiros que se provocam até que um deles sucumba em uma explosão de raiva, como uma criança birrenta.

Terminar um relacionamento construído nessas condições talvez não seja a solução porque o problema seguiria mal resolvido, pronto para se repetir com o próximo parceiro. Em vez disso, o filósofo sugere uma pausa para refletir sobre o assunto pela perspectiva de um observador.

Você pode, então, perguntar-se antes de agir: o que uma pessoa madura faria agora?

Às vezes, é o que basta para recobrar o cuidado com o outro e o respeito consigo mesmo, invocando a melhor versão de si. Os cônjuges não são crianças indefesas. Podem agir como o que são, adultos, desde que se lembrem disso. Sem essa consciência, os parceiros podem se tirar do sério até por impasses corriqueiros, como o que comer no jantar.

Casais que têm acesso ao recurso da psicoterapia, seja individual ou em dupla, tendem a tomar mais consciência de suas reais motivações e podem, dessa maneira, tratar delas diretamente em vez de se aterem aos pretextos que as mascaram.

Se não cuidada, a falta de comunicação gera frustração, raiva e culpa num ciclo vicioso em que os cônjuges passam a sabotar a relação e podem se tornar agressivos, indiferentes e mesmo desleais.

Quando o casal consegue administrar bem suas questões, passa a lidar melhor com problemas triviais, como o cardápio do jantar, e com questões mais complexas e delicadas, como a interferência dos pais, o comportamento das crianças e eventuais problemas conjugais.

# GUIA RÁPIDO DE BOAS PRÁTICAS PARA A VIDA A DOIS

## FALE O QUE SENTE

Sentimentos represados são como bolas de neve. Expresse-os para que vocês possam lidar com os problemas assim que surgem, evitando avalanches.

## OUÇA COM ATENÇÃO

Algo que incomoda o parceiro, ainda que pareça besta para você, é importante para ele. Ouça com atenção as queixas do seu grande amor. Esse já é um belo começo para que as coisas melhorem. Lembre-se de permitir que ele(a) fale tudo o que precisa dizer antes de você cogitar um contra-argumento.

## PERGUNTE, INTERESSE-SE

Nem todo mundo tem o hábito de tomar a iniciativa de falar sobre a própria vida. Interesse-se pelo dia a dia do seu amor e pergunte sempre como ele(a) está e com que questões anda lidando. Algumas pessoas precisam de incentivo para falar sobre suas inquietações mais importantes.

## EXERCITE A EMPATIA

Ponha-se no lugar do outro e tente enxergar as situações pela perspectiva dele(a). Diante do seu bom exemplo, ele(a) pode se sentir motivado(a) a fazer o mesmo por você. Com isso, o cotidiano acaba ficando muito mais generoso.

## ELOGIE O QUE FUNCIONA

Em relacionamentos longevos, os cônjuges às vezes se esquecem de expressar a sua admiração um pelo outro. Elogios telepáticos não valem – a sua apreciação precisa ser comunicada. Ajude o seu amor a superar inseguranças. Lembre-se desse bom hábito e o exercite regularmente.

## AGRADEÇA CADA GESTO

Em um relacionamento saudável, os companheiros se apoiam mutuamente. É preciso expressar a sua gratidão pelos sacrifícios e gentilezas que sucedem no dia a dia e deixam a sua vida mais leve e alegre. Assim, você também se lembra sempre de tudo o que há de melhor na sua vida.

## TOME UM TEMPO

Às vezes, no meio de uma crise, no calor de uma discussão, a raiva fala mais alto que a razão – e que o amor. Por isso, quando perceber que pode recorrer a palavras contraproducentes, peça um tempo para se acalmar. Reflita em vez de reagir e retome o assunto num momento mais oportuno.

## EVITE JULGAMENTOS

Num relacionamento, muito é vivido e decidido junto, o que pode gerar tensões. Ao conversar sobre temas mais difíceis com o seu amor, atenha-se aos fatos, porque julgamentos deixam o outro na defensiva e, portanto, surdo aos seus argumentos. Foque-se nos acontecimentos e em como se sente em relação a eles.

## MARQUE ENCONTROS

Filhos, trabalho, vida social, compromissos familiares, cuidados pessoais, afazeres burocráticos, contas a pagar... Na correria do dia a dia, podem ser muitos os impedimentos para a intimidade conjugal. Quando isso ocorre, não hesite em marcar encontros com o seu amor, mesmo que já vivam sob o mesmo teto.

## FAÇA CARINHO

O contato físico não precisa ocorrer apenas no contexto sexual. Cafuné, cócegas, abraço e beijo estalado reforçam o vínculo, a intimidade e o amor. Há momentos em que as palavras não funcionam e o carinho pode ser o primeiro passo para se retomar a proximidade.

## LARGUE O CELULAR

Os smartphones podem ser grandes aliados no início de um romance, mas também podem ser muito inconvenientes na vida conjugal, pois muitas vezes funcionam como uma interrupção portátil que atrapalha conversas e prazeres. Sempre que puder, deixe-o no silencioso e aproveite a companhia de quem está ao seu lado.

## RESPEITE A PRIVACIDADE

O celular é um objeto íntimo e, portanto, só diz respeito ao dono, como os próprios pensamentos. Resista à tentação de ler as mensagens do seu amor. Se não foram enviadas a você, simplesmente não lhe dizem respeito.

## LEMBRE-SE DE CONFIRMAR

Muitos desentendimentos entre casais ocorrem porque uma das partes se desaponta com a outra. Mas ninguém é obrigado a corresponder às expectativas do cônjuge – principalmente quando não sabe delas. Se você faz questão de algo, como jantar a dois às sextas, diga isso e lide com a resposta, em vez de se martirizar com o que acha que o outro "já deveria saber".

## TENHA PACIÊNCIA

Num relacionamento, duas pessoas de mundos diferentes precisam conviver muito de perto por muito tempo. Por isso, respire fundo, tenha paciência com as manias, as implicâncias e as pequenas obsessões do seu amor. Assim, há mais chances de que você também conte com o mesmo esforço de tolerância.

## DÊ ESPAÇO

Eventualmente, todo mundo fica irritadiço, cansado, estressado ou algo do tipo. Quando é assim, não adianta perguntar demais, oferecer ajuda o tempo todo, pressionar por uma melhora. De tempos em tempos, deixe o seu amor descansar um pouquinho. Da vida e de você. Não é nada pessoal!

## PROGRAME VIAGENS

Conhecer um lugar novo é uma experiência rica em novidades e sensações. Fazer isso junto reforça o vínculo e a parceria. Também proporciona fotos incríveis para ajudar a fixar o que a memória não quer esquecer. Viagens são um investimento no relacionamento.

## FAÇA JUNTO

Algumas atividades do dia a dia ficam muito mais gostosas a dois. Cozinhar é uma delas, e até ir ao mercado pode ser divertido. Esforce-se para manter rotinas agradáveis em conjunto. E aproveite esse tempo para flertar com o seu amor no cotidiano.

## FAÇA SEPARADO

Todo casal tem suas discrepâncias. Um pode adorar uma série que o outro detesta. Um pode ser dorminhoco enquanto o outro adora sair para dançar. Um pode gostar de futebol e o outro preferir novela. Não há nada de errado com isso. Assuma a sua identidade e faça só o que lhe faz bem.

## RIA JUNTO

O humor e a brincadeira são recursos valiosos para atenuar os desafios da vida conjugal. Sempre que possível, leve a vida (a dois) com leveza. Permita-se ter crises de riso e de bobeira. Com o seu amor, você tem carta branca para não se levar tão a sério.

## RESPEITE O NÃO

Ninguém é obrigado a nada. Respeite as negativas do seu amor e exija que as suas também sejam acatadas. Cada um sabe melhor dos próprios limites, das próprias dificuldades e dos próprios gostos. Cobranças não entusiasmam ninguém.

## RECOMECE DO JEITO CERTO

Bons hábitos requerem comprometimento e persistência, mas ninguém é perfeito. Se eventualmente você falhar em alguns dos itens anteriores, não se martirize. Perdoe-se, reflita sobre como melhorar e siga em frente. Às vezes, é preciso repetir uma prática algumas vezes até que se torne, de fato, um hábito.

CURTIÇÃO ←

# FILMES E CANÇÕES PARA CURTIR JUNTINHO

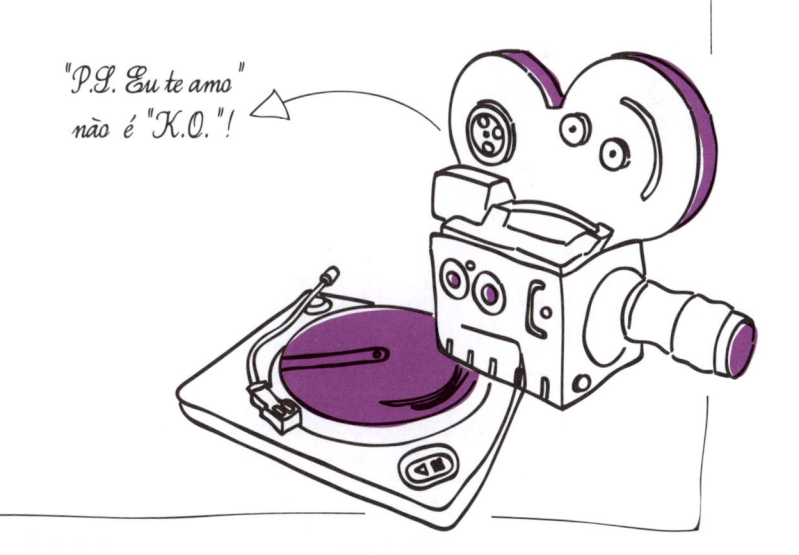

"P.S. Eu te amo" não é "K.O."!

# CINEMA A DOIS

Dramas, comédias e animações para casais apaixonados continuarem assim.

# (500) DIAS COM ELA

Estados Unidos, 2009
Comédia romântica
Duração: 87 minutos.
Com Joseph Gordon-Levitt e Zooey Deschanel.
Roteiro: Scott Neustadter e Michael H. Weber.
Direção: Marc Webb.

Tom, um escritor muito romântico, relembra os 500 dias que passou com Summer antes que ela terminasse o relacionamento.

# 9 1/2 SEMANAS DE AMOR

Estados Unidos, 1986
Drama erótico
Duração: 117 minutos.
Com Kim Basinger e Mickey Rourke.
Roteiro: Sarah Kernochan, Zalman King e Patricia Louisianna Knop.
Direção: Adrien Lyne.

Elizabeth trabalha em uma galeria de arte e acaba vivendo um romance tórrido com um milionário. Em poucas semanas, a situação fica incontrolável.

## A UM PASSO DA ETERNIDADE

Estados Unidos, 1953
Drama/romance
Duração: 118 minutos.
Com Burt Lancaster e Deborah Kerr.
Roteiro: Daniel Tadarash.
Direção: Fred Zinnemann.

Às vésperas do ataque japonês a Pearl Harbor, um sargento tem um caso com a esposa de seu superior imediato.

## ALGUÉM TEM QUE CEDER

Estados Unidos, 2003
Comédia romântica
Duração: 128 minutos.
Com Jack Nicholson e Diane Keaton.
Roteiro e direção: Nancy Meyers.

Harry é um sessentão executivo da música que namora uma mulher muito mais nova. Depois de sofrer um ataque cardíaco, acaba se interessando por Erica, a sogra, que tem uma personalidade oposta à dele.

## AMANTES

Estados Unidos, 2008
Drama/romance
Duração: 100 minutos.
Com Joaquin Phoenix, Gwyneth Paltrow e Vinessa Shaw.
Roteiro e direção: James Gray.

Leonard volta a morar com os pais no Brooklin depois de ser abandonado pela noiva. Fica, então, dividido entre duas mulheres: Sarah, filha dos sócios dos pais, e Michelle, uma vizinha apaixonada por um homem casado.

## AMOR

França, Alemanha e Áustria, 2012
Drama
Duração: 126 minutos.
Com Jean-Louis Trintignant, Emmanuelle Riva e Isabelle Huppert.
Roteiro e direção: Michael Haneke.

Jean-Louis e Emanuelle são professores de música aposentados que vivem um casamento de mais de 50 anos. Depois de passar por uma cirurgia na carótida, ela fica parcialmente paralisada e a vida do casal é completamente transformada. O drama levou o Oscar de melhor filme estrangeiro.

## AMOR À FLOR DA PELE

Hong Kong, 2000
Drama/romance
Duração: 98 minutos.
Com Tony Leung e Maggie Cheung.
Roteiro e direção: Wong Kar-Wai.

Nos anos 1960, o editor-chefe de um jornal e sua secretária iniciam uma relação depois de desconfiar que estão sendo traídos por seus respectivos cônjuges.

## AMOR A TODA PROVA

Estados Unidos, 2011
Comédia romântica
Duração: 118 minutos.
Com Steve Carell, Ryan Gosling, Julianne Moore e Emma Stone.
Roteiro: Dan Folgeman.
Direção: Glenn Ficarra e John Requa.

Carl é um quarentão que fica arrasado com o final do casamento, até que conhece o conquistador Jacob, que decide ensiná-lo suas estratégias de paquera.

## O AMOR É CEGO

Estados Unidos, 2001
Comédia romântica
Duração: 113 minutos.
Com Jack Black e Gwyneth Paltrow.
Roteiro: Peter Farrelly, Bobby Farrelly e Sean Moynihan.
Direção: Peter Farrelly e Bobby Farrelly.

Hal é um homem muito superficial que só se interessa por mulheres muito bonitas. Um dia, hipnotizado por um guru, passa a agir de outra maneira. Conhece Rosemary, que é obesa, mas ele não a vê assim.

## AMOR E OUTRAS DROGAS

Estados Unidos, 2010
Comédia romântica
Duração: 112 minutos.
Com Anne Hathaway e Jake Gyllenhaal.
Roteiro: Charles Randolph, Edward Zwick e Marshall Herskovitz, com base no livro *Hard Sell: The Evolution of a Viagra Salesman*, de Jamie Reidy.
Direção: Edward Zwick.

Maggie não quer compromisso, mas fica desconcertada ao conhecer Jamie, um vendedor de produtos farmacêuticos muito sedutor.

## UM AMOR PARA RECORDAR

Estados Unidos, 2002
Drama/romance
Duração: 102 minutos.
Com Mandy Moore e Shane West.
Roteiro: Nicholas Sparks e Karen Janszen, com base no livro homônimo de Nicholas Sparks.
Direção: Adam Shankman.

Jovem-problema é obrigado a se tornar tutor em uma escola de ensino médio e se apaixona pela filha de um pastor.

## AMOR SEM ESCALAS

Estados Unidos, 2009
Comédia romântica
Duração: 109 minutos.
Com George Clooney e Vera Farmiga.
Roteiro: Sheldon Turner e Jason Reitman, com base no livro homônimo de Walter Kirn.
Direção: Jason Reitman.

O trabalho de Ryan é viajar pelo país para demitir pessoas. Por causa da função, ele se torna uma pessoa fria. Isso muda quando, em uma dessas viagens, conhece Alex, uma executiva com quem começa a se envolver.

## AMOR, SUBLIME AMOR

Estados Unidos, 1961
Drama/musical/romance
Duração: 152 minutos.
Com Natalie Wood e Richard Beymer.
Roteiro: Jerome Robbins, Arthur Laurents e Ernest Lehman.
Direção: Robert Wise e Jerome Robbins

Inspirado na história de Romeu e Julieta, o filme narra o romance proibido entre Tony, líder da gangue Jets, e Maria, irmã do líder dos Sharks, um grupo rival. Vencedor do Oscar de melhor filme e direção, entre muitos outros.

☆ ☆ ☆

## ANTES DO AMANHECER

Estados Unidos, 1995
Drama/romance
Duração: 105 minutos.
Com Ethan Hawke e Julie Delpy.
Roteiro: Richard Linklater e Kim Krizan.
Direção: Richard Linklater.

O viajante norte-americano Jesse conhece a francesa Céline em uma viagem de trem pela Europa. Os dois se dão muito bem, mas ele precisa voltar para os Estados Unidos e ela, para Paris no dia seguinte. O filme teve duas sequências nas décadas seguintes: *Antes do pôr do sol* (2004) e *Antes da meia-noite* (2013).

## AZUL É A COR MAIS QUENTE

França, 2013
Drama/romance
Duração: 179 minutos.
Com Adèle Exarchopoulos e Léa Seydoux.
Roteiro: Ghalia Lacroix e Abdellatif Kechiche, baseado na *graphic novel* homônima de Julie Maroh.
Direção: Abdellatif Kechiche.

A adolescente Adèle conhece o amor e a sexualidade ao se apaixonar por Emma, uma jovem pintora cujos cabelos são azuis. O filme e suas protagonistas levaram a Palma de Ouro em Cannes.

## A BELA E A FERA

Estados Unidos, 1991
Conto de fadas (animação)
Duração: 84 minutos.
Com as vozes de Paige O'Hara e Robby Benson.
Roteiro: Linda Woolverton, com base no livro homônimo de Jeanne-Marie Leprince de Beaumont.
Direção: Gary Trousdale e Kirk Wise.

Um príncipe arrogante e seus empregados são amaldiçoados por uma bruxa. Ele é transformado num monstro, a Fera, e só um amor verdadeiro e correspondido pode desfazer o feitiço. A jovem Bela entra no castelo depois que o monstro aprisiona seu pai e o amor improvável acontece.

## BONEQUINHA DE LUXO

Estados Unidos, 1961
Comédia romântica
Duração: 115 minutos.
Com Audrey Hepburn e George Peppard.
Roteiro: George Axelrod, com base no livro homônimo de Truman Capote. Direção: Blake Edwards.

Holly é uma garota de programa que sonha com uma vida melhor. Todos os dias, ela toma o café da manhã em frente à vitrine da famosa joalheria Tiffany's como uma forma de escapismo. Ela planeja se casar com um homem muito rico, mas acaba se envolvendo com Paul, um escritor bancado pela amante.

## BRILHO ETERNO DE UMA MENTE SEM LEMBRANÇAS

Estados Unidos, 2004
Drama/ficção científica/romance
Duração: 108 minutos.
Com Jim Carrey e Kate Winslet.
Roteiro: Charlie Kaufman.
Direção: Michel Gondry.

Joel descobre que Clementine, seu grande amor, apagou a própria memória, esquecendo-se dele completamente. Ele decide fazer o mesmo, mas muda de ideia quando talvez já seja tarde demais.

## CARTAS PARA JULIETA

Estados Unidos, 2010
Comédia romântica
Duração: 105 minutos.
Com Amanda Seyfried, Chris Egan, Vanessa Redgrave e Franco Nero.
Roteiro: José Rivera e Tim Sullivan.
Direção: Gary Winick.

Sophie e Victor decidem passar a lua de mel em Verona, a cidade de Romeu e Julieta, mas ele não consegue se desligar dos negócios. Para se distrair, Sophie se junta a um grupo de voluntárias que respondem a cartas endereçadas a Julieta e acaba se envolvendo com uma história de amor de 1957.

## CASABLANCA

Estados Unidos, 1942
Drama/romance
Duração: 102 minutos.
Com Humphrey Bogart e Ingrid Bergman.
Roteiro: Julius J. Epstein, Philip G. Epstein e Howard Koch, com base na peça *Everybody Comes to Rick's*, de Murray Burnett e Joan Alison. Direção: Michael Curtiz.

Rick, um norte-americano exilado na cidade de Casablanca, dirige uma casa noturna. Um dia, acaba reencontrando Ilsa, um antigo amor. Mas ela está casada com outro homem e precisa de Rick para escapar dos nazistas.

## CASAMENTO GREGO

Estados Unidos, 2002
Comédia romântica
Duração: 95 minutos.
Com Nia Vardalos e John Corbett.
Roteiro: Nia Vardalos.
Direção: Joel Zwick.

Toula é solteira e vem de uma família grega muito apegada às origens que vive de um restaurante de comida típica. Para desespero do pai, ela se apaixona por Miller, que não é grego e ainda por cima é vegetariano.

## O CASAMENTO DO MEU MELHOR AMIGO

Estados Unidos, 1997
Comédia romântica
Duração: 105 minutos.
Com Julia Roberts, Dermot Mulroney, Cameron Diaz e Rupert Everett.
Roteiro: Ronald Bass.
Direção: P.J. Morgan.

Julianne percebe que está apaixonada por Michael, seu melhor amigo, justamente quando é convidada para o casamento dele com outra mulher.

## COMO SE FOSSE A PRIMEIRA VEZ

Estados Unidos, 2004
Comédia romântica
Duração: 99 minutos.
Com Adam Sandler e Drew Barrymore.
Roteiro: George Wing.
Direção: Peter Segal.

O paquerador Henry se apaixona pela jovem Lucy, que sofre de perda de memória recente. O problema é que ela sempre se esquece dele um dia após conhecê-lo, o que faz com que Henry precise reconquistá-la diariamente.

## A DAMA E O VAGABUNDO

Estados Unidos, 1955
Romance (animação)
Duração: 75 minutos.
Com as vozes de Peggy Lee e Larry Roberts. Roteiro: Joe Grant, Erdman Penner, Joe Rinaldi, Ralph Wright e Don DaGradi, com base no conto de Ward Greene.
Direção: Clyde Geronimi, Wilfred Jackson e Hamilton Luske.

Lady é uma cadela mimada que perde o posto de preferida da família quando seus donos têm um bebê. Ela acaba indo parar na rua, onde conhece Tramp, um vira-lata durão que passa a protegê-la. Não demoram a se apaixonar.

# A DELICADEZA DO AMOR

França, 2011
Comédia romântica
Duração: 108 minutos. Com Audrey Tautou e François Damiens.
Roteiro: David Foenkinos.
Direção: David Foenkinos e Stéphane Foenkinos.

Nathalie vive um casamento feliz, que é interrompido pela morte repentina do marido. Ela passa a se dedicar exclusivamente ao trabalho, até que, sem motivo aparente, beija um colega de trabalho.

# UM DIA

Reino Unido, 2011
Drama/romance
Duração: 108 minutos.
Com Anne Hathaway e Jim Sturgess.
Roteiro: David Nicholls, com base em seu próprio livro homônimo.
Direção: Lone Scherfig.

Emma e Dexter se apaixonam assim que se conhecem, mas precisam seguir caminhos diferentes no dia seguinte. Ao longo de duas décadas, um dia por ano, eles revisitam esse relacionamento.

## O DIÁRIO DE BRIDGET JONES

Reino Unido, 2001
Comédia romântica
Duração: 97 minutos.
Com Renée Zellweger, Colin Firth e Hugh Grant. Roteiro: Andrew Davis e Richard Curtis, com base no livro homônimo de Helen Fielding.
Direção: Sharon Maguire.

Bridget é uma mulher de 30 anos que escreve um diário sobre suas desventuras amorosas, como o fato de estar dividida entre a atração que sente pelo chefe Daniel e o interesse por Mark, um homem muito diferente dela.

## DIÁRIO DE UMA PAIXÃO

Canadá e Estados Unidos, 2004
Drama/romance
Duração: 104 minutos.
Com Ryan Gosling e Rachel McAdams.
Roteiro: Jeremy Leven e Jan Sardi, com base no livro homônimo de Nicholas Sparks.
Direção: Nick Cassavetes.

Allie é uma garota rica que se apaixona por Noah, um jovem operário. Ele é enviado para lutar na Segunda Guerra e ela acaba se envolvendo com outro rapaz. Quando Noah retorna, Allie está prestes a se casar.

## DIRTY DANCING – RITMO QUENTE

Estados Unidos, 1987
Comédia romântica
Duração: 100 minutos.
Com Jennifer Grey e Patrick Swayze.
Roteiro: Eleanor Bergstein.
Direção: Emile Ardolino.

Frances ou Baby, como é chamada pela família, vai passar as férias com os pais e a irmã em um resort, em 1963. Uma noite, seguindo a música que escuta, ela vai até o alojamento dos funcionários e tudo muda quando ela conhece Johnny, o instrutor de dança do estabelecimento.

## ELA

Estados Unidos, 2013
Drama/romance
Duração: 126 minutos.
Com Joaquin Phoenix e a voz de Scarlett Johansson.
Roteiro e direção: Spike Jonze.

O solitário escritor Theodore se apaixona por Samantha, a personificação do sistema operacional de seu computador. O filme levou o Oscar de melhor roteiro original.

## ENQUANTO VOCÊ DORMIA

Estados Unidos, 1995
Comédia romântica
Duração: 103 minutos.
Com Sandra Bullock e Bill Pullman. Roteiro: Daniel G. Sullivan e Fredric Lebow.
Direção: Jon Turteltaub.

Lucy trabalha no metrô e nutre uma paixão platônica por um passageiro. Um dia ele é atacado e jogado nos trilhos. Ela salva o homem, que vai parar no hospital, em coma. Lucy acaba conhecendo, então, o irmão dele.

## ENSINA-ME A VIVER

Estados Unidos, 1971
Drama/romance
Duração: 91 minutos.
Com Ruth Gordon e Bud Cort.
Roteiro: Colin Higgins.
Direção: Hal Ashby.

Harold é um jovem obcecado pela morte, e Maude, uma senhora apaixonada pela vida. Com uma diferença de idade de quase 60 anos, eles formam um casal improvável.

## E O VENTO LEVOU... ♥

Estados Unidos, 1940
Drama/romance
Duração: 238 minutos.
Com Vivien Leigh e Clark Gable.
Roteiro: Sidney Howard, com base no livro homônimo de Margaret Mitchell.
Direção: Victor Fleming.

Durante a Guerra Civil norte-americana, Scarlett, a filha temperamental de um fazendeiro, precisa lutar pela própria sobrevivência ao mesmo tempo que vive desventuras amorosas. A produção levou estatuetas do Oscar nas categorias de melhor filme, direção, roteiro adaptado e atriz, entre outros.

## O FABULOSO DESTINO DE AMÉLIE POULAIN

França, 2001
Comédia romântica
Duração: 122 minutos.
Com Audrey Tautou e Mathieu Kassovitz.
Roteiro: Guillaume Laurant.
Direção: Jean-Pierre Jeunet.

Amélie é uma jovem interiorana recém-chegada a Paris, onde trabalha num café. Um dia, ela encontra uma antiga caixinha em seu apartamento e decide encontrar o dono.

## GHOST – DO OUTRO LADO DA VIDA

Estados Unidos, 1990
Drama/romance
Duração: 128 minutos.
Com Patrick Swayze e Demi Moore.
Roteiro: Bruce Joel Rubin.
Direção: Jerry Zucker.

Molly e Sam formam um casal apaixonado. Ele acaba morto em um assalto, mas sua alma permanece na Terra porque Sam desconfia que a namorada corre perigo. Com a ajuda de uma médium, ele entra em contato com Molly.

## O GUARDA-COSTAS ☆

Estados Unidos, 1992
Drama/romance
Duração: 130 minutos.
Com Whitney Houston e Kevin Costner.
Roteiro: Lawrence Kasdan.
Direção: Mick Jackson.

Rachel é uma cantora pop ameaçada por um fã desequilibrado. Para se proteger, ela contrata um ex-agente do serviço secreto como guarda-costas. Em pouco tempo, a relação entre eles extrapola os limites profissionais.

## HARRY E SALLY – FEITOS UM PARA O OUTRO

Estados Unidos, 1989
Comédia romântica
Duração: 96 minutos.
Com Billy Crystal e Meg Ryan.
Roteiro: Nora Ephron.
Direção: Rob Reiner.

Eles se formaram na mesma universidade e não se dão bem, até que viajam juntos para Nova York e passam a se encontrar esporadicamente como amigos por muitos anos. Aos poucos, vão percebendo que o relacionamento pode ir além da amizade.

## HITCH – CONSELHEIRO AMOROSO

Estados Unidos, 2005
Comédia romântica
Duração 118 minutos.
Com Will Smith e Eva Mendes.
Roteiro: Kevin Bisch.
Direção: Andy Tennant.

Hitch trabalha como "consultor de paquera" em Nova York, ajudando homens a conquistar mulheres. Mas ele faz questão de permanecer no anonimato. Tudo se complica quando Hitch se apaixona por uma repórter do *The New York Times*.

## HOJE EU QUERO VOLTAR SOZINHO

Brasil, 2014
Drama/romance
Duração: 96 minutos.
Com Guilherme Lobo e Fábio Audi.
Roteiro e direção: Daniel Ribeiro.

Leonardo é um adolescente cego que tenta conquistar a independência no dia a dia ao mesmo tempo que se angustia por nunca ter beijado ninguém. A vida dele muda quando um novo aluno entra no colégio.

## UMA LINDA MULHER

Estados Unidos, 1990
Comédia romântica
Duração: 125 minutos.
Com Julia Roberts e Richard Gere.
Roteiro: J.F. Lawton.
Direção: Garry Marshall.

O executivo Edward contrata Vivian, que trabalha como prostituta, para acompanhá-lo durante um fim de semana em eventos de negócios. É claro que os dois acabam se aproximando muito mais do que o planejado.

## UM LUGAR CHAMADO NOTTING HILL

Reino Unido, 1999
Comédia romântica
Duração: 124 minutos.
Com Julia Roberts e Hugh Grant.
Roteiro: Richard Curtis.
Direção: Roger Michell.

O inglês William é dono de uma livraria em Londres e tem a sua vida transformada quando a famosa atriz norte-americana Anna Scott entra em sua loja.

## MEDIANERAS: BUENOS AIRES DA ERA DO AMOR VIRTUAL

Argentina, Espanha e Alemanha, 2011
Comédia romântica
Duração: 95 minutos.
Com Pilar López de Ayala e Javier Drolas.
Roteiro e direção: Gustavo Taretto.

Martín e Mariana não se conhecem, mas vivem se cruzando pelas ruas de Buenos Aires. Eles têm em comum o fato de morarem sozinhos e terem dificuldades de se relacionar. Será que vão eventualmente se encontrar?

## MENSAGEM PARA VOCÊ

Estados Unidos, 1998
Comédia romântica
Duração: 119 minutos.
Com Tom Hanks e Meg Ryan.
Roteiro: Nora Ephron e Delia Ephron.
Direção: Nora Ephron.

Kathleen tem uma pequena livraria e um namorado, mas acaba se envolvendo pela internet com um desconhecido que se apresenta como NY152. Ele, na verdade, é o dono de uma rede de livrarias que ameaça os negócios dela.

## MEU PRIMEIRO AMOR ♥

Estados Unidos, 1991
Drama/romance
Duração: 102 minutos.
Com Anna Chlumsky e Macaulay Culkin.
Roteiro: Laurice Elehwany.
Direção: Howard Zieff.

Vada é uma garota de 11 anos, órfã de mãe e carente pela atenção do pai, que trabalha como agente funerário. Ela nutre uma paixão platônica pelo professor de inglês e é muito amiga de Thomas, um garoto que sofre de muitas alergias. Nessa fase de grandes descobertas, os sentimentos entre os dois acabam se confundindo.

## MOULIN ROUGE: AMOR EM VERMELHO

Austrália e Estados Unidos, 2001
Musical/romance
Duração: 126 minutos.
Com Nicole Kidman e Ewan McGregor.
Roteiro e direção: Baz Luhrmann.

Em 1899, o poeta Christian se muda para Montmartre, em Paris, e passa a frequentar a casa noturna Moulin Rouge, onde conhece a bela cortesã Satine.

## MOONLIGHT

Estados Unidos, 2016
Drama/romance
Duração: 110 minutos.
Com Trevante Rhodes e André Holland.
Roteiro e direção: Barry Jenkins.

Black cresce na periferia de Miami, tentando descobrir quem realmente é ao mesmo tempo que tenta traçar o próprio caminho longe do crime e das drogas. Na adolescência, ele beija o amigo Kevin e acaba entrando numa espiral de incompreensão e violência. A obra levou o Oscar de melhor filme.

## NAMORADA DE ALUGUEL

Estados Unidos, 1987
Comédia romântica
Duração: 94 minutos.
Com Patrick Dempsey e Amanda Peterson.
Roteiro: Michael Swerdlick.
Direção: Steve Rash.

Ronald é um adolescente tímido que oferece mil dólares a Amanda, a garota mais linda e popular do colégio, para que ela finja ser sua namorada.

## NOIVO NEURÓTICO, NOIVA NERVOSA

Estados Unidos, 1977
Comédia romântica
Duração: 93 minutos.
Com Woody Allen e Diane Keaton. Roteiro: Woody Allen e Marshall Brickman.
Direção: Woody Allen.

Alvy é um comediante judeu divorciado que faz análise há 15 anos. A vida dele se complica quando se apaixona por Annie, uma cantora em início de carreira que também precisa lidar com as próprias inquietações. O filme levou Oscar nas categorias de melhor filme, direção e atriz.

## NOSSO AMOR DE ONTEM

Estados Unidos, 1973
Romance
Duração: 118 minutos.
Com Barbra Streisand e Robert Redford.
Roteiro: Arthur Laurents.
Direção: Sydney Pollack.

Katie e Hubbel se conhecem brevemente na faculdade e se reencontram anos depois. Apaixonados, precisam lidar com suas grandes divergências políticas.

## POÇÃO DO AMOR N° 9

Estados Unidos, 1992
Comédia romântica
Duração: 96 minutos.
Com Sandra Bullock e Tate Donovan.
Roteiro e direção: Dale Launer.

Sem sorte com as mulheres, um cientista visita uma cigana, que lhe dá um elixir capaz de fazer qualquer pessoa se apaixonar por ele. Ele compartilha a poção com uma colega e os dois se envolvem em grandes confusões.

## AS PONTES DE MADISON

Estados Unidos, 1995
Drama/romance
Duração: 134 minutos.
Com Meryl Streep e Clint Eastwood.
Roteiro: Richard LaGravenese, com base no livro homônimo de Robert James Waller.
Direção: Clint Eastwood.

Francesca é uma solitária dona de casa e mãe de família interiorana que vive um grande dilema quando se apaixona por um fotógrafo da revista *National Geographic* que visita o condado de Madison para fotografar pontes.

## A PRINCESA E O PLEBEU

Estados Unidos, 1953
Comédia romântica
Duração: 118 minutos.
Com Audrey Hepburn e Gregory Peck.
Roteiro: Dalton Trumbo.
Direção: William Wyler.

Ann é uma princesa entediada que decide se divertir anonimamente em Roma, onde acaba se envolvendo com Joe, um repórter que pode acabar revelando sua identidade.

## P.S. EU TE AMO

Estados Unidos, 2007
Drama/romance
Duração: 125 minutos.
Com Hilary Swank e Gerard Butler. Roteiro: Richard LaGravenese e Steven Rogers, com base no livro homônimo de Cecelia Ahern.
Direção: Richard LaGravenese.

Holly fica em estado de choque quando perde o marido, Harry, que lhe deixa uma série de cartas que podem ajudá-la a superar a perda.

## ORGULHO E PRECONCEITO

França/Reino Unido e Estados Unidos, 2006
Drama/romance
Duração: 129 minutos.
Com Keira Knightley e Matthew Macfadyen.
Roteiro: Deborah Moggach, com base no livro homônimo de Jane Austen.
Direção: Joe Wright.

Elizabeth vive com a família no campo. É a segunda de cinco filhas e, junto com sua irmã mais velha, Jane, sente-se muito pressionada a se casar. Nesse contexto, conhece Darcy, que parece um bom partido, mas é muito reservado.

## ROMÂNTICOS E ANÔNIMOS

Bélgica e França, 2010
Comédia romântica
Duração: 80 minutos.
Com Benoîte Poelvoorde e Isabelle Carré.
Roteiro e direção: Jean-Pierre Améris.

Angélique e Jean-René têm muitas afinidades, como a paixão por chocolates – ele tem uma fábrica e ela produz doces caseiros. Mas eles têm outra coisa em comum: são profundamente tímidos.

## ROMEU E JULIETA

Itália e Reino Unido, 1968
Drama/romance
Duração: 138 minutos.
Com Leonard Whiting e Olivia Hussey.
Roteiro: Franco Brusati, Masolino D'Amico e Franco Zeffirelli, com base na peça homônima de William Shakespeare.
Direção: Franco Zeffirelli.

Em Verona, os jovens Romeu e Julieta estão apaixonados, mas suas famílias são inimigas.

## ROMEU + JULIETA

Estados Unidos, 1996
Drama/romance
Duração: 120 minutos.
Com Claire Danes e Leonardo DiCaprio.
Roteiro: Craig Pearce e Baz Luhrmann, com base na peça *Romeu e Julieta*, de William Shakespeare.
Direção: Baz Luhrmann.

Nessa versão atualizada, Romeu e Julieta vivem na fictícia Verona Beach e estão ligados a gangues rivais.

## O SEGREDO DE BROKEBACK MOUNTAIN

Estados Unidos e Canadá, 2005
Drama/romance
Duração: 134 minutos.
Com Heath Ledger e Jake Gyllenhaal.
Roteiro: Diana Ossana e Larry McMurtry, com base no conto homônimo de Annie Proulx.
Direção: Ang Lee.

Jack e Ennis são dois jovens vaqueiros que, contratados para trabalhar juntos no pastoreio de ovelhas em Wyoming, acabam se apaixonando.

## SIMPLESMENTE AMOR

Reino Unido, 2003
Comédia romântica
Duração: 136 minutos.
Com Emma Thompson, Colin Firth, Laura Linney, Hugh Grant e Keira Knightley.
Roteiro e direção: Richard Curtis.

Dez histórias de amor em época de Natal são narradas em paralelo e se entrelaçam.

## SINTONIA DE AMOR

Estados Unidos, 1993
Comédia romântica
Duração: 106 minutos.
Com Tom Hanks e Meg Ryan.
Roteiro: Nora Ephron, David S. Ward e Jeff Arch.
Direção: Nora Ephron.

Sam se muda para Seattle com o filho depois de ficar viúvo. Ele fala sobre seus problemas em um programa de rádio. A repórter Annie o ouve e se apaixona por sua voz.

## TITANIC

Estados Unidos, 1997
Drama/romance
Duração: 195 minutos.
Com Leonardo DiCaprio e Kate Winslet.
Roteiro e direção: James Cameron.

Jack é um artista de origem pobre, e Rose, uma jovem aristocrata de família falida. Os dois se apaixonam durante a trágica viagem inaugural do transatlântico Titanic, em 1912. A obra levou Oscar nas categorias de melhor filme, direção e música original, entre muitos outros.

## ⇨ AS VANTAGENS DE SER INVISÍVEL

Estados Unidos, 2012
Comédia dramática/romance
Duração: 102 minutos.
Com Logan Lerman, Emma Watson e Ezra Miller.
Roteiro e direção: Stephen Chbosky, com base em seu livro homônimo.

Charlie é um adolescente que tenta superar o fato de seu melhor amigo ter cometido suicídio. Numa nova escola, ele tenta se socializar com a ajuda de dois veteranos, Patrick e Sam, com quem acaba também descobrindo o amor.

> Dica:
> coloque no aleatório
> e mantenha a mente
> e o coração abertos.

# PLAYLIST DO CORAÇÃO

Músicas nacionais e internacionais dos mais diferentes estilos para cantar em dueto.

✴ **"ALWAYS"** (1995)
Bon Jovi

✴ **"AS LONG AS YOU LOVE ME"** (2012)
Justin Bieber

✴ **"A THOUSAND YEARS"** (2011)
Christina Perri

✴ **"BEM QUE SE QUIS"** (1989)
Marisa Monte

✴ **"UM CERTO ALGUÉM"** (1983)
Lulu Santos

✴ **"CODINOME BEIJA-FLOR"** (1985)
Cazuza

✴ **"COMO UMA DEUSA"** (1987)
Rosana

✴ **"CREEP"** (1993)
Radiohead

✴ **"DEMOREI MUITO PRA TE ENCONTRAR"** (1997)
Fábio Jr.

✴ **"DEVOLVA-ME"** (2000)
Adriana Calcanhoto

✴ **"DONA"** (1985)
Roupa Nova

✴ **"É COM ESSE QUE EU VOU"** (1973)
Elis Regina

✴ **"É O AMOR"** (1991)
Zezé Di Camargo & Luciano

✴ **"EVIDÊNCIAS"** (1990)
Chitãozinho & Xororó

✳ **"FAZ PARTE DO MEU SHOW"** (1988)
Cazuza

✳ **"FIREWORK"** (2010)
Katy Perry

✳ **"HEY JUDE"** (1968)
The Beatles

✳ **"HOW DEEP IS YOUR LOVE"** (1977)
Bee Gees

✳ **"HOW DEEP IS YOUR LOVE"** (1996)
Take That

✳ **"I DON'T WANT TO MISS A THING"** (1998)
Aerosmith

✳ **"I JUST CALLED TO SAY I LOVE YOU"** (1984)
Stevie Wonder

- **"I WILL ALWAYS LOVE YOU"** (1992)
  Whitney Houston

- **"K.O."** (2017)
  Pabllo Vittar

- **"LOVE BY GRACE"** (1999)
  Lara Fabian

- **"LOVE OF MY LIFE"** (1979)
  Queen

- **"LOVE SONG"** (1970)
  Elton John

- **"O MEU AMOR"** (1978)
  Chico Buarque

- **"A MILLION REASONS"** (2016)
  Lady Gaga

✷ **"MY ALL"** (1997)
   Mariah Carey

✷ **"MY GIRL"** (1965)
   The Temptations

✷ **"MY HEART WILL GO ON"** (1997)
   Céline Dion

✷ **"NE ME QUITE PAS"** (1959)
   Jacques Brel

✷ **"OCEANO"** (1989
   Djavan

✷ **"ONDE VOCÊ MORA"** (1994)
   Cidade Negra

✷ **"PENSE EM MIM"** (1990)
   Leandro & Leonardo

✶ **"O QUE SERÁ"** (1976)
   Chico Buarque

✶ **"SOMEONE LIKE YOU"** (2011)
   Adele

✶ **"SOZINHO"** (1999)
   Caetano Veloso

✶ **"STAY WITH ME"** (2014)
   Sam Smith

✶ **"STRANGERS IN THE NIGHT"** (1967)
   Frank Sinatra

✶ **"TOTAL ECLIPSE OF THE HEART"** (1983)
   Bonnie Tyler

✶ **"UNCHAINED MELODY"** (1965)
   The Righteous Brothers

✷ **"WHAT IS LOVE"** (1993)
Haddaway

✷ **"WHEREVER YOU WILL GO"** (2001)
The Calling

✷ **"YOU ARE BEAUTIFUL"** (2004)
James Blunt

✷ **"YOU ARE NOT ALONE"** (1995)
Michael Jackson

✷ **"YOU'RE STILL THE ONE"** (1997)
Shania Twain

# QUIZ SURPRESA

1. Qual gênero de filme representa o nosso amor?

☐ ANIMAÇÃO
☐ AVENTURA
☐ COMÉDIA
☐ COMÉDIA ROMÂNTICA
☐ DRAMA
☐ FICÇÃO CIENTÍFICA
☐ ROMANCE
☐ SUSPENSE
☐ TERROR

2. Quais filmes me fazem lembrar de você?

*

*

*

*

*

3. Qual filme vimos pela primeira vez no cinema?

✳

4. Qual tipo de música representa o nosso amor?.

- ☐ CLÁSSICA
- ☐ FORRÓ
- ☐ MPB
- ☐ MÚSICA ELETRÔNICA
- ☐ POP
- ☐ REGGAE
- ☐ ROCK
- ☐ SAMBA
- ☐ SERTANEJO

5. Quais músicas me fazem lembrar de você?

✳

✳

✳

✳

✳

6. Quais músicas representam o nosso amor?

✳

✳

✳

✳

✳

# UM AMOR DE BIBLIOGRAFIA

## NA LIVRARIA

✳ **A arte de amar (Martins Fontes),** 2015, de Erich Fromm

✳ **Amor líquido: sobre a fragilidade dos laços humanos (Zahar),** 2004, de Zygmunt Bauman

✳ **Amor: uma história (Zahar),** 2012, de Simon May

✳ **As consolações da filosofia (Editora Rocco),** 2012, de Alain de Botton

✳ **Neurociência do amor (Academia),** 2017, de Fernando Gomes Pinto

✳ **Novas formas de amar (Planeta),** 2017, de Regina Navarro Lins

✴ **O banquete (L&PM Pocket),** 2016, de Platão

✴ **O mal-estar na civilização (Editora Penguin & Companhia das Letras),** 2011, de Freud

✴ **Tête-à-Tête (Objetiva),** 2015, de Hazel Rowley

## NA INTERNET

✴ **The Book of Life**
www.thebookoflife.org

# NOSSA HISTÓRIA DE AMOR

*(escreva neste espaço)*

~~FIM~~

FINAL FELIZ

# LISTA DE MÚSICAS

- "#1 Crush", Duke Erikson, Shirley Manson, Steve Marker, Butch Vig; Almo Sounds, 1995.
- "A maçã", Raul Seixas, Paulo Coelho, Marcelo Motta; Philips/Universal Music, 1975.
- "A Thousand Years", David Hodges, Christina Perri; WEA, 2011.
- "Always", Jon Bon Jovi; Mercury, 1994.
- "As Long as You Love Me", Sean Anderson, Nasri Atweh, Justin Bieber, Rodney Jerkins, Andre Lindal; Def Jam, 2012.
- "Bem que se quis", Nelson Motta (versão), Pino Daniele; EMI-Odeon, 1988.
- "Codinome beija-flor", Ezequiel Neves, Cazuza, Reinaldo Arias; Som Livre, 1985.
- "Creep", Colin Greenwood, Jonny Greenwood, Ed O'Brien, Phil Selway, Thom Yorke; EMI Music, 1992.
- "Devolva-me", Renato Barros, Lilian Knapp; BMG, 2000.
- "Dona", Gutemberg Guarabyra, Luiz Carlos Sá; Som Livre, 1985.
- "É com esse que eu vou", Pedro Caetano; CBD-Phonogram/Philips, 1973.
- "É o amor", Zezé Di Camargo; Copacabana, 1991.
- "Evidências", José Augusto, Paulo Sérgio Valle; Polygram, 1990.
- "Faz parte do meu show", Cazuza, Renato Ladeira; Polygram/Philips, 1888.
- "Firework", Ester Dean, Mikkel Storleer Eriksen, Tor Erik Hermansen, Katy Perry, Sandy Wilhelm; Capitol/EMI Music Distribution; 2010.
- "Hey Jude", John Lennon, Paul McCartney; Apple, 1968.
- "How Deep Is Your Love" Barry Gibb, Maurice Gibb, Robin Gibb; BMG International, 1996.
- "How Deep Is Your Love", Barry Gibb, Maurice Gibb, Robin Gibb, Barry Glibb; Reprise, 1977.
- "I Don't Want to Miss a Thing", Diane Warren; Diane Warren, Columbia, 1998.
- "I Just Called to Say I Love You", Stevie Wonder; Motown, 1984.
- "I Will Always Love You", Dolly Parton; Arista, 1992.
- "K.O.", Rodrigo Gorky, Maffalda e Pablo Bispo; BMT Produções Artísticas, 2017.
- "Love By Grace" Dave Loggins, Wayne Tester; Columbia/Sony Music Distribution, 2000.
- "Love of My Life", Freddie Mercury; Hollywood, 1975.

- "Love Potion No. 9", Jerry Leiber, Mike Stoller; MCA, 1973.
- "Love Song", Lesley Duncan; Rocket Group Pty LTD, 1970.
- "Lovefool", Nina Persson, Peter Svensson; Stockholm/Polydor, 1996.
- "Million Reasons", Lady Gaga, Hillary Lindsey, Mark Ronson; Flip/Interscope Records/Polydor/Streamline, 2016.
- "My All", Mariah Carey, Narada Michael Walden; Columbia, 1997.
- "My Girl", Smokey Robinson, Ronald White; Motown/Uni, 1965.
- "My Heart Will Go On", James Horner, Will Jennings; Canadian Academy of Recording Art, 1996.
- "Ne Me Quitte Pas", Jacques Brel; Polydor, 1958.
- "O amor e o poder", Cláudio Rabello (versão), Mary Susan Applegate, Candy Derouge, Gunther Mende, Jennifer Rush; Epic, 1987.
- "O meu amor", Chico Buarque; Polygram/Philips, 1978.
- "O que será (À flor da pele)", Chico Buarque; Odeon, 1976.
- "O que será? (À flor da terra)", Chico Buarque; Phonogram/Philips, 1976.
- "Oceano", Djavan; CBS, 1989.
- "Onde você mora?", Nado Reis, Marisa Monte; Epic, Sony Music, 1994.
- "Pense em mim", Douglas Maio, José Ribeiro, Mário Soares; Warner Music, 1991.
- "Só você", Vinícius Cantuária; BMG, 1997.
- "Someone Like You", Adele Adkins, Dan Wilson; Columbia XL, 2011.
- "Sozinho", Peninha; Polygram, 1999.
- "Stay With Me", Jeff Lynne, James Napier, Tom Petty, William Phillips, Sam Smith; Capitol, 2014.
- "Strangers in the Night", Bert Kaempfert, Charles Singleton, Eddie Snyder, Avo Uvezian; Signature Sinatra/Universal, 1966.
- "Talk Show Host", Colin Greenwood, Jonny Greenwood, Ed O'Brien, Phil Selway, Thom Yorke; Capitol/EMI Records/Parlophone, 1995.
- "Total Eclipse of the Heart", Jim Steinman; Rhino, 1983.
- "Um certo alguém", Ronaldo Bastos, Lulu Santos; WEA, 1983.
- "Unchained Melody", Alex North, Hy Zaret; Universal, 1965.
- "What Is Love", Dee Dee Halligan, Junior Torello; Arista, 1993.
- "Wherever You Will Go", Alex Band, Aaron Kamin; RCA, 2001.
- "You Are Not Alone", R. Kelly; Epic, 1995.
- "You're Beautiful", James Blunt, Amanda Ghost, Sacha Skarbek; Atlantic, 2005.
- "You're Still the One", Robert John "Mutt" Lange, Shania Twain; Mercury Nashville, Def Jam, Island, Mercury, Virgin EMI, 1997.

Este livro foi composto em Amatic SC e Museo Sans e impresso pela RR Donnelley para a Editora Planeta do Brasil em maio de 2018.